CB031594

Amor, Luta e Luto
no
Tempo da Ditadura

Maria do Socorro Diógenes

Amor, Luta e Luto no Tempo da Ditadura

Ateliê Editorial

Dados Internacionais de Catalogação na Publicação (CIP)
(Câmara Brasileira do Livro, SP, Brasil)

Diógenes, Maria do Socorro
  Amor, Luta e Luto no Tempo da Ditadura / Maria do Socorro
Diógenes. – Cotia, SP: Ateliê Editorial, 2021.

  ISBN 978-65-5580-037-1

  1. Ativistas políticos 2. Comunismo – Brasil – História
3. Diógenes, Maria do Socorro 4. Ditadura – Brasil – História
5. Memórias 6. Metalúrgicos – Atividades políticas – ABC
Paulista 7. Partido Comunista Brasileiro Revolucionário –
História 8. Política – Brasil 9. Valle, Ramires Maranhão do,
1951-1973 I. Título.

21-67186   CDD-320.98108

Índices para catálogo sistemático:
1. Brasil: Ditadura militar: Memórias: História política   320.98108

Cibele Maria Dias – Bibliotecária – CRB-8/9427

Direitos reservados à

ATELIÊ EDITORIAL
Estrada da Aldeia de Carapicuíba, 897
06709-300 – Granja Viana – Cotia – SP
Tel.: (11) 4702-5915
www.atelie.com.br | contato@atelie.com.br
facebook.com/atelieeditorial | blog.atelie.com.br

Printed in Brazil   2021
Foi feito o depósito legal

Purgar os erros
lembrar os mortos
fecundar os sonhos
festejar as vitórias.

Se não fizermos isto
pela nossa história
quem o fará?

MARCELO MÁRIO DE MELO,
Quem o Fará?

EM MEMÓRIA

Agrícola Maranhão do Valle
Cleodon Silva
Prof. Eliseu Diógenes Martins
Francisco Clóvis Marques do Valle
Dr. Francisco Diógenes Nogueira
Dr. Humberto Queiróz
Dr. Iglésias
Lídia Franco
Dra. Luzia Diógenes
Prof. Osvaldo Bezerra
Sátiro da Silva

A Ramires Maranhão do Valle, jovem revolucionário pernambucano que dedicou a vida às lutas pela liberdade, por um mundo sem desigualdades, pelo fim do capitalismo e da sociedade dividida em classes.

Sumário

Agradecimentos

Minha gratidão a todos que colaboraram na realização destes registros:

às colegas de trabalho, Maria Lúcia Florentino, Leonira Duarte, Regina Schiavon, Conceição Bruneli, Mila;

à amiga Maria de Fátima Pinto;

ao amigo e companheiro de militância, Valter Pinheiro;

à amiga e vizinha, Lilian Gomes de Oliveira Martins, que lia os textos e acrescentava sugestões valiosas;

Roseane Maranhão do Valle, irmã de Ramires Maranhão do Valle, que me forneceu documentos importantes utilizados como fontes;

ao poeta Marcelo Mário de Melo, ex-companheiro de militância do PCBR, que realizou a edição de texto e muito me orientou nos caminhos da escrita;

à professora Sônia Gorete de Oliveira, diretora da Escola Municipal Marlene Rondeli, que me convidou, várias vezes, para fazer palestras aos alunos e pais sobre a ditadura civil-militar, o que me deu confiança para escrever o livro;

ao meu amigo Gilvan Rocha, falecido, que me deu o livro *Medo de Espelhos*, de Tariq Ali, no qual me inspirei, fazendo os relatos como se estivesse escrevendo cartas a Ramires Maranhão do Valle.

Introdução

Este livro representa dois recortes da minha vida. O primeiro, na época de militância no PCBR – Partido Comunista Brasileiro Revolucionário, do final de 1969 a 1973, enquanto participava das lutas contra a ditadura civil-militar e quando conheci o jovem revolucionário pernambucano Ramires Maranhão do Valle, com quem compartilhei uma convivência partidária e uma história de amor. Ramires foi assassinado pelas forças da repressão, em 27 de outubro de 1973, no Rio de Janeiro, aos 22 anos. O segundo recorte se refere à minha participação política em São Paulo, depois que saí da prisão, envolvendo momentos como a luta pela anistia, a campanha das Diretas Já, as greves dos metalúrgicos do ABC paulista, a participação sindical como educadora, as campanhas eleitorais e outras.

Em 27 de outubro de 2013, quarenta anos após a partida de Ramires, resolvi registrar a memória das lutas da resistência, envolvendo acontecimentos das nossas vidas de militantes e da nossa história de amor. Fui motivada, ao perceber que muitos crimes cometidos pela ditadura civil-militar de 1964 poderiam ficar debaixo do tapete, a exemplo do que ocorreu em relação à Guerra do Paraguai. Com a redemocratização foram criadas as Comissões de Anistia, a Comissão dos Direitos Humanos e a Comissão da Verdade, que teriam o papel de abrir os arquivos da ditadura, pesquisá-los e publicá-los para o conhecimento da sociedade. Mas as Forças Armadas só entregaram os documentos menos comprometedores, nos quais não constam os assassinatos, sob torturas, nos porões dos quartéis, nem os desaparecimentos de presos políticos.

Tomei consciência de que essa história subterrânea deveria ser escrita a várias mãos, incluindo-se a participação dos militantes sobreviventes. Decidi escrever o meu pedacinho, o que vivi, sendo uma parte ao lado de Ramires Maranhão do Valle. Escrevi como se estivesse conversando com ele ou lhe escrevendo cartas, falando dos momentos fugazes e intensos que passamos juntos na clandestinidade, da convivência com os companheiros, dos sobressaltos colocados pelas perseguições. Quis relatar, também, tudo aquilo que vivi sem Ramires e sobre o que não tivemos tempo de conversar, pois a ditadura o arrebatou para sempre. Ramires não teve tempo de saber, só teve tempo de morrer. Durante todos esses anos, muitas dúvidas e incertezas se instalaram e permanecem dentro de mim, sobre as circunstâncias da sua morte. Mais doído do que tudo é a perda das pessoas que amamos. Aquela brasa encoberta queimando, guardada no fundo do meu coração. Acho que continuará me queimando até o fim dos meus dias.

Como dizia Gabriel García Márquez: "Contar para não esquecer". E para nunca mais acontecer, acrescento.

1. As Origens

Prepare o seu coração
Pras coisas que vou contar
Eu venho lá do sertão
Eu venho lá do sertão
E posso não lhe agradar

GERALDO VANDRÉ e THÉO DE BARROS,
Disparada

VIDA NO CAMPO

Sou filha de camponês sem terra. Meu pai era agricultor, vaqueiro, analfabeto, trabalhava em terras alheias e cuidava do gado do patrão. Chamava-se Antônio Martins de Araújo. Minha mãe, Maria das Dores Diógenes, também não tinha estudo. Era inteligente, esperta, alegre e muito trabalhadora.

De dez filhos que tiveram, apenas três eram homens. Um deles morreu muito pequeno, com sete anos, picado por uma cobra venenosa. Para o camponês, os filhos homens significam braços para o trabalho. Como só existiam dois, a mulherada ia trabalhar na roça. Plantávamos e colhíamos feijão, milho, arroz, mandioca, algodão. Ajudávamos também com o gado e a criação de ovelhas e cabras.

A vida na fazenda não era ruim. Trabalhava-se muito, é claro, mas havia as festas, que eram muito animadas. A festa de São João era a mais bonita. Acendia-se uma enorme fogueira no terreiro, ao redor da qual, juntava-se toda a vizinhança. Tinha milho verde e batata assada na brasa.

Soltavam-se balões coloridos, contavam-se histórias e anedotas. Bebia-se aluá, uma bebida caseira feita de milho ou de abacaxi. Vinham os sanfoneiros, que tocavam e cantavam músicas típicas. Soltavam-se fogos de artifício. Era muito divertido.

As crianças convidavam os adultos para serem seus padrinhos ou madrinhas, que passavam a ser padrinhos de fogueira, ou de São João. O adulto segurava na mão da criança, dava três voltas ao redor da fogueira e, na terceira volta, paravam e repetiam os dizeres: "São João disse, São Pedro confirmou, que tu haverás de ser meu padrinho, que Jesus Cristo mandou". A partir daí tornavam-se padrinhos ou madrinhas de verdade, os afilhados tomavam a bênção e os tratavam com respeito e obediência.

As festas de Natal aconteciam nas cidades. As pessoas ficavam passeando nas ruas, nas praças, enquanto esperavam a Missa do Galo, que era à meia-noite. A maior atração consistia na visita aos presépios, montados nos jardins das casas. O presépio mais bonito era o da Igreja Matriz. No sertão não se cultivava a tradição da figura de Papai Noel, o protagonista era o Deus Menino. Daí o sucesso dos presépios, também chamados de lapinhas, porque representavam o nascimento de Jesus Cristo.

Outra festa muito bonita do sertão era a vaquejada, que ocorria no dia de São Pedro, em 29 de junho. Primeiro era celebrada a Missa do Vaqueiro, ao ar livre, fora da igreja. Os vaqueiros compareciam montados nos seus cavalos e encourados, isto é, vestidos com a sua indumentária típica: calça de couro apertada, chamada de perneira, uma espécie de colete de couro que era o parapeito, o gibão e o chapéu de couro com abas, enfeitados no estilo dos cangaceiros de Lampião.

Enquanto acompanhavam a procissão, cantavam o *Hino do Vaqueiro* e aboiavam, entoando o canto utilizado para conduzir o gado. Ainda me lembro de algumas estrofes:

Oh! Mamãe quando eu morrer
me enterre no terreiro
em cima da minha cova
faça um grande cruzeiro
ponha minha roupa de couro
pra lembrar que fui vaqueiro.
Ê, ê ê ê boi!

Não se esqueça de botar
minhas esporas meu chapéu
o retrato do cavalo
que eu sempre chamei Xexéu
para brincar com São Pedro
nas vaquejadas do céu.
Ê, ê ê ê boi!

Após a procissão, os vaqueiros se dirigiam ao campo da exposição para a derrubada do boi. Os bois ficavam presos em um pequeno curral. Quando um era liberado, saía em desabalada carreira. O vaqueiro ficava próximo à porteira e corria atrás para derrubá-lo. Quando o cavalo encostava a cabeça na parte traseira do boi, era o momento certo, o vaqueiro pegava o rabo do boi, enrolava na mão e o derrubava. Vaqueiro bom era o que derrubava o boi sem maltratá-lo, sem causar danos. Às vezes, ao cair, o boi quebrava a perna, sendo o vaqueiro desclassificado, não era tido como bom vaqueiro. O boi machucado era sacrificado e sua carne utilizada na festa, que acontecia após as derrubadas. Hoje as vaquejadas estão proibidas por lei.

Éia vaqueiro!
Sua vez e sua hora
na derrubada do boi
tá escrita a sua glória
    QUINTETO VIOLADO

Triste era quando não chovia, quando a seca assolava o sertão. Os açudes – pequenas represas – secavam, a vegetação da caatinga torrava, tornando-se garranchuda e espinhenta. Faltavam alimentos e água para o gado e os outros animais, que definhavam, muitos morriam. Muitas famílias retiravam-se em busca de um lugar melhor para viver. A seca é um espetáculo avassalador e muito triste. Eu a comparo a uma guerra da natureza para destruir o sertão.

A vida aqui só é ruim, quando não chove no chão
LUIZ GONZAGA

OS ESTUDOS

"Eu fiquei analfabeto, mas meus fios criou fama." Quando ouço essa música de Luiz Gonzaga, penso no meu pai. Nas fazendas onde morávamos, não havia escolas. Estudar, somente, nas cidades, que ficavam muito longe. As minhas irmãs mais velhas conseguiram estudar indo para as casas dos padrinhos. Meus pais não se incomodavam que os filhos fossem morar em casas alheias, contanto que estudassem. Eu e outras irmãs fomos alfabetizadas pela Dona Ada, esposa do senhor Benício Diógenes Nogueira, que era nosso parente. A fazenda dele era vizinha daquela onde meu pai trabalhava. Dona Ada era professora formada, com anel de pedra verde no dedo. Ela mesma alfabetizava seus filhos. Quando eles iam para a escola convencional, já estavam bem adiantados. Ela chamava as crianças da redondeza para serem alfabetizadas. E foi assim que aprendemos a ler e a escrever. Anos depois, a minha irmã Terezinha, que já era uma mocinha, estudou em Jaguaribe, na casa do seu padrinho, Sr. Domingos Vieira. Ao terminar o quinto ano, voltou para casa. Ela conseguiu um contrato na Prefeitura, como professora, para ensinar as crianças da fazenda. Foi assim que continuamos a estudar.

As filhas do patrão estudavam em colégio de freiras, em Icó. Às vezes, as freiras vinham até a fazenda. A primeira vez que vi uma freira, fiquei encantada, achei a coisa mais linda do mundo. Aquele hábito preto, aquele pano na cabeça, deixando apenas o rosto descoberto. Achei demais e, de imediato, falei: "Eu quero ser freira!" Pedi que as freiras me levassem para o convento. Elas riram e falaram: "Você é muito criança, só quando tiver dezoito anos". "Enquanto isso, vá estudando." Ainda estava longe para eu chegar aos dezoito anos. Continuei afirmando que queria ser freira.

Tempos depois, meu irmão mais velho, Eliseu, que era seminarista, mandou me buscar para me apresentar a umas freiras, em Fortaleza. Fui imediatamente. Não era um convento. Ele me levou à Santa Casa de Misericórdia de Fortaleza, que era administrada pelas Irmãs de Caridade. As freiras que eu conhecia eram da Ordem de Santa Tereza. As Irmãs de Caridade eram diferentes, usavam um grande chapéu branco, com abas largas dos dois lados, que elas chamavam de cornetas. Como trabalhavam em hospital, usavam hábitos brancos. Com aquelas cornetas pareciam pássaros prestes a alçar voo. Achei mais lindo ainda. Mais bonito do que as freiras de Santa Tereza.

Meu irmão me levou à presença da madre superiora, Irmã Brito. Quando ela me viu disse: "É uma menina, não pode ir para o convento, não tem idade". Eu respondi: "Tenho doze anos. Santa Terezinha foi para o convento com doze anos". Ela riu com a minha resposta e combinou com meu irmão que eu ficaria ali mesmo, na Santa Casa. Iria estudar até completar a idade para o noviciado. Fiquei nos alojamentos junto com as enfermeiras residentes. Dos doze aos dezoito anos morei na Santa Casa. As irmãs eram muito boas comigo. A Irmã Brito, a madre superiora, era alta, gorda, já apresentava bastante idade. Tinha um grande coração, muito bondosa, carinhosa e acolhedora. Devo tudo a ela, pela oportunidade que me deu.

Estudei no Ginásio Santa Maria Goretti, colégio das Irmãs de Caridade, dirigido pela Irmã Rocha, grande educadora. Rígida, firme nos princípios, mas muito justa. Fiz o Curso Normal (Magistério) no Colégio Agapito dos Santos. Aprendi muito enquanto convivi na Santa Casa. As enfermeiras me ensinaram procedimentos de enfermagem.

Ao atingir a idade adulta, desisti do ideal de ser freira e fiquei trabalhando na Santa Casa como enfermeira prática, durante uns dois anos, mais ou menos. Mas não quis seguir carreira. Saí da Santa Casa. Se não ia mais ser freira, nem fazer o curso de enfermagem, não tinha sentido continuar ali. Nessa época, minha irmã Luzia veio para Fortaleza tentar o vestibular para medicina. Alugamos um pequeno apartamento no centro da cidade. Minha irmã, eu e Ivone, uma moça que foi criada na Santa Casa e que, também, era enfermeira. O fiador era o senhor Sobral, contador da Santa Casa.

Eu e Ivone ganhávamos muito pouco, o correspondente ao salário mínimo da época. Luzia ganhava bem. Algum tempo depois, Ivone ficou desempregada. Fortaleza, dos anos 1960, era uma cidade pequena, sem muitas oportunidades. Quando se perdia um emprego, ficava difícil conseguir outro. Com a Ivone desempregada, dificultava-se o pagamento do aluguel. Minha irmã saiu, foi morar com uma amiga. Ficamos eu e Ivone, sem ter para onde ir, o aluguel cada vez mais atrasado, até que Ivone foi morar com uma família e eu fui morar num pensionato.

"Sobrou pra mim o bagaço da laranja" (Zeca Pagodinho). Coube-me entregar a chave na imobiliária, envergonhada, humilhada, sem dinheiro para pagar os meses em atraso. O pior é que eu tinha que dar uma satisfação ao senhor Sobral, aquele homem tão bom, que confiou na gente. Como dizer que a dívida iria sobrar para ele, pois nós não tínhamos como sanar o problema? Foi a maior vergonha que passei na minha vida. "E a vergonha é a herança maior que meu pai me deixou" (Lupicínio Rodrigues).

Assim foi a minha história antes de entrar para uma Universidade, de conhecer os princípios do marxismo, e de participar dos movimentos de esquerda. Fazer um curso universitário, entrar para o PCBR – Partido Comunista Brasileiro Revolucionário, participar das lutas contra a ditadura civil-militar e pelo retorno à democracia, foram os fatores que proporcionaram uma grande virada na minha vida.

2. 1968: Militância e Clandestinidade

Coração de estudante
há que se cuidar do broto
a folha da juventude
é o nome certo desse amor

MILTON NASCIMENTO,
Coração do Estudante

A UNIVERSIDADE

Para Zuenir Ventura, 1968 foi o ano que não acabou. Para mim, foi o ano cortado, podado. Cortaram o destino de uma geração que significou o melhor que a cultura e as escolas brasileiras produziram após um século da geração romântica. Com uma diferença: os jovens poetas do Romantismo eram frutos da cultura europeia. O destino do Brasil seria outro, se a jovem geração de 1968 não tivesse sido ceifada. Estaríamos vivendo num país com menos desigualdades. Teria sido realizada a reforma agrária. Teríamos uma educação de qualidade, para citar os principais ideais da geração 68. Zuenir Ventura tem razão. Quando se poda uma árvore, ela não acaba. Volta com mais força. Esta é a nossa esperança.

Em 1968 realizei o sonho de entrar numa faculdade, conheci pessoas importantes, entrei em contato com o marxismo, deixei de ser alienada e iniciei uma participação política. Fiz o vestibular para o curso de Letras, na Faculdade de Filosofia Ciências e Letras do Estado do Ceará – FAFICE, hoje, Universidade do Ceará. Entrar para uma Universidade significava a realização de um sonho. Levando-se em conta o meio do qual eu vim, as condições da minha família, tratava-se de um sonho quase impossível. Consegui uma vaga na residência universitária, que se localizava à Avenida Benfica. Assim não pagaria mais pensionatos. Os estudantes faziam as refeições no Centro Universitário – CEU, que era o ponto de encontro dos ativistas, das lideranças. Ali se organizavam as mobilizações.

As passeatas de protesto começaram, mais ou menos, a partir de março de 1968 e se intensificaram após a morte de Edson Luís Lima Souto, assassinado por uma bala dos policiais que atiraram contra os estudantes, no Restaurante Calabouço, no dia 28 de março de 1968, no Rio de Janeiro. Essa morte foi a gota d'água, provocou protestos estudantis no Brasil inteiro. O movimento estudantil ganhou apoio social, pois o estudante Edson Luís era um adolescente, secundarista, menino pobre, nem era ligado aos movimentos.

Na época, eu não tinha consciência de nada, nunca tinha lido nada sobre política. Participava das passeatas porque achava bonito. Sempre tive um senso de lutar contra as injustiças e contra a exploração. Por isso, os discursos dos líderes, em cima do caminhão, tocavam-me profundamente. A UNE – União Nacional dos Estudantes – tinha sido proibida pelo golpe civil-militar, desde 1964, porém os estudantes mantinham a organização na clandestinidade. O principal líder dos estudantes, em Fortaleza, era José Genoíno Neto, presidente do DCE – Diretório Central dos Estudantes, membro da UNE, militante do PC do B – Partido Comunista do Brasil. Fazia Direito e estudava Filosofia na FAFICE.

As palavras de ordem concentravam-se no "ABAIXO A DITA-DURA", pichado nos muros, encerrando todos os panfletos e iniciando todos os discursos. Também se destacava o "ABAIXO O ACORDO MEC/USAID" – que representava a reforma de ensino a ser implantada pela ditadura, principalmente, a reforma universitária, de acordo com os interesses dos Estados Unidos. O USAID – United States Agency for International Development (Agência dos Estados Unidos para o Desenvolvimento Internacional) – realizou um acordo com o MEC – Ministério de Educação e Cultura. Outra palavra de ordem constante de pichamentos, panfletos e discursos era o "ABAIXO O DECRETO 477". Esse decreto permitia às instituições de ensino universitário expulsar alunos, deixando-os sem direito à transferência e à matrícula, por três anos. Hoje, fazemos a pergunta: Que futuro tem um país que expulsa seus jovens da escola? Que tipo de governantes são esses, que fazem leis para tirar dos jovens o direito de estudar? Talvez muita gente não se lembre dos maléficos efeitos do famigerado Decreto 477.

Naquele mesmo ano ocorreram movimentos de luta em vários países. Os que mais se destacaram foram os movimentos estudantis na França, conhecidos como Maio de 68, e a invasão da Tchecoslováquia. A Rússia, representando a União Soviética o mundo socialista, invadiu a Tchecoslováquia, acusando-a de volta ao capitalismo. A atitude da Rússia, a União Soviética, teve repercussão no mundo inteiro, provocando uma divisão, na esquerda. Os grupos mais radicais posicionaram-se contra, enquanto os partidos comunistas, PCB e PC do B, ficaram a favor da invasão.

Durante os movimentos fui conhecendo pessoas e aprendendo a distinguir as diferentes linhas de esquerda, os discursos, as propostas. Entrei para um grupo de linha trotskista, um pequeno racha da 4ª Internacional[1], um pessoal intelectualizado, experiente. A maioria vinha de militância de outras organizações, principalmente do PCB. Líamos e discutíamos muito. O grupo se posicionou contra a invasão da Tchecoslováquia, pois defendíamos a autonomia e a soberania dos povos. Para nós, a invasão caracterizava-se como uma ação stalinista. Somente depois é que tomei conhecimento de que já existiam alguns militantes do PCBR – Partido Comunista Brasileiro Revolucionário, como também da ALN – Ação Libertadora Nacional[2], tentando se organizar no Ceará. Não tive contato com eles, nessa época. Não chegaram a marcar posições no movimento estudantil. As organizações mais fortes no Ceará eram o PC do B e a AP – Ação Popular.

PASSAGEM ENGRAÇADA

Muitas vezes, um evento coletivo apresenta um lado cômico. Vou contar um episódio que ocorreu durante uma passeata. Luiz Cruz era estudante de Geografia da Universidade Federal do Ceará. Fazia parte do grupo trotskista no qual eu havia entrado. Castro Alves era o seu ídolo. Ele introduzia versos de Castro Alves nos seus trabalhos e nos seus discursos. Num dia de mobilização, as lideranças decidiram encerrar a passeata na Praça José de Alencar, que fica no centro da cidade. Era uma espécie de terminal de ônibus, havia sempre muita gente circulando, chegando e saindo, subindo e descendo dos ônibus. O objetivo era envolver o povo. Um dos oradores seria o Luiz

1. IV Internacional fundada por Leon Trotski em oposição à III Internacional Stalinista.
2. Organização que defendia a luta armada fundada por Carlos Marighella.

Cruz. Ele queria começar o seu discurso com uma frase de impacto. Quando subiu no caminhão e viu aquele mar de gente que tinha tomado a praça, não resistiu e começou: "Estamos em pleno mar"[3]. Era mais ou menos meio-dia, um calor estonteante, o suor escorria nos rostos sob o sol escaldante de Fortaleza. Um gaiato, lá do meio do povão, gritou: "Arre égua!" Não deu outra, todo mundo começou a rir e, ao mesmo tempo, aplaudiu, para não deixar o orador em maus lençóis.

ATO INSTITUCIONAL N. 5

No ano de 1968, com as passeatas, as mobilizações, a luta contra a ditadura avançavam e ganhavam a simpatia da sociedade, porém aumentava também o clima repressivo. Em 13 de outubro, por ocasião do xxx Congresso da UNE, em Ibiúna, São Paulo, todos os participantes foram presos. A repressão se intensificava. Até que, em 13 de dezembro, a ditadura deu o bote. Editou o Ato Institucional número 5, um golpe dentro do golpe, que representou a institucionalização do terror.

Escrito pelo então ministro da Justiça, Luís Antônio da Gama e Silva, o AI-5 concedia poderes quase absolutos aos generais de plantão:

• fazer entrar em recesso a Câmara dos Deputados, as Assembleias Legislativas estaduais, as Câmaras de Vereadores. No período de recesso, o poder executivo federal assumia as funções legislativas;

• o general presidente podia intervir nos Estados e Municípios sem respeitar as limitações constitucionais;

---

3. Verso que inicia o poema "Navio Negreiro" de Castro Alves.

• suspender os direitos políticos, pelo período de dez anos, de qualquer cidadão brasileiro;

• cassar mandatos de deputados federais, estaduais e vereadores;

• proibia manifestações populares de caráter político;

• suspendia o direito de *habeas corpus* (em caso de crimes políticos, contra a ordem econômica, a segurança nacional e a economia popular);

• impunha a censura prévia a jornais, revistas, livros, peças de teatro e músicas.

A repressão tinha em mãos mil fichas das lideranças estudantis de todos os Estados, além de manter na prisão quatro estudantes mais representativos do movimento: Vladimir Palmeira, José Dirceu, Luís Travassos, Franklin Martins.

O ditador de plantão era o general Artur da Costa e Silva, mas o AI-5 tinha o dedo do general Golberi do Couto e Silva, eminência parda do regime.

EFEITOS SOBRE A ESQUERDA

O Ato Institucional n. 5 provocou um grande impacto sobre a esquerda. Os líderes estudantis passaram a viver na clandestinidade, para não serem presos. Qualquer pessoa identificada com alguma organização, mesmo que fosse no passado, teria que ir embora. Não se encontrava mais ninguém. Encontrar-se passou a ser algo muito arriscado, pois todo mundo estava correndo perigo. O grupo trotskista do qual eu participava convocou uma reunião para anunciar a sua dissolução. Todos estavam com muito medo e decididos a não mais continuar. Somente o Valter e eu não aceitamos acabar com o grupo. Achávamos que deveríamos continuar com mais cuidado, desenvolver novas formas de luta. Não tínhamos perspectiva de entrar na clandestinidade, não fazíamos nem ideia do que seria isso, mas achávamos que deveríamos continuar, porque o grupo não era queimado. Já que a ditadura radicalizara, devíamos lutar sob novas bases, encontrar novas maneiras de conscientizar o povo sem sermos percebidos. Nossas ideias não foram aceitas e o grupo se desfez.

SEM MILITÂNCIA

Durante o ano de 1969 ficamos, eu e o Valter, sem participação política, pois a gente não encontrava mais ninguém. Continuamos a vida normal, trabalhando e estudando. Gostávamos de música clássica e de francês. Amávamos a música francesa. Ouvíamos Edith Piaff, Mirelle Mathieu, Gilbert Beccaud, Chales Aznavour, Françoise Hardi e outros.

Em setembro de 1969 tomamos conhecimento do sequestro do embaixador norte-americano pelo MR-8 – Movimento Revolucionário 8 de Outubro e a ALN. Eu nunca tinha ouvido falar no MR-8. Conhecia o Vladimir Palmeira, através de participação no movimento estudantil, pela imprensa, pois ele era um líder nacional, mas não sabia que ele era do MR-8. Eu sabia da ALN, pois em Fortaleza havia um pessoal ligado a Marighella.

O comunicado que os revolucionários exigiram que o governo militar publicasse, em rede nacional, terminava com a frase: "Olho por olho, dente por dente!"

A Ação revolucionária trouxe uma mensagem de esperança, uma demonstração de força, passou o recado da continuidade da luta, sob novas formas. A ditadura civil-militar se submeteu às exigências dos guerrilheiros. Publicou o manifesto, soltou os catorze líderes que se encontravam presos e os mandou para o exílio no México, sem contar que o embaixador americano não falou mal dos sequestradores. Disse que foi bem-tratado e que aqueles jovens só queriam salvar os seus companheiros. Para a esquerda, significava que as organizações armadas continuavam resistindo em novas bases, usando formas de luta mais agressivas contra a ditadura. O povo vibrou com o *slogan*, que se tornou popular.

Uma experiência que eu e o Valter fizemos que eu nunca contei a ninguém. Nem ao Ramires, ao partido, nem aos agentes da repressão. Um dia, eu vi num filme de bang-bang como se obtinha a nitroglicerina, um explosivo feito com ácido nítrico e glicerina que explode com o atrito. Procurei meu amigo Valter e combinamos fazer a experiência. Compramos pequenas quantidades do material e fomos para a Praia do Futuro, naquele tempo uma praia deserta, e começamos a fazer os testes. Íamos descobrindo como reagiam os dois elementos. Observamos que, se o vidro ficar aberto ou cheio até a boca, não explode. A substância deve ocupar, apenas, um pouco mais da metade do recipiente, que deve ser tampado com tampa bem apertada, para que forme o gás, que provoca a explosão.

Quando já estávamos quase encerrando as experiências, ocorreu um fato engraçado. Naquele dia a mistura não explodia. Tentamos várias vezes, de diversos modos, e nada. Resolvemos ir embora. Para não conduzirmos aquele material no ônibus, enterramos tudo na areia e saímos. Daí a poucos minutos, ouvimos um barulho e uma fumacinha saindo debaixo da areia. Voltamos e vimos que havia explodido. Por quê? Concluímos que os vidros usados anteriormente eram escuros e aqueles eram transparentes. À medida que enterramos, ocorreu a ausência de luz, e, por isso, explodiu. Paramos os testes, após termos descoberto todos os procedimentos para a produção da bomba de nitroglicerina, que nunca chegamos a utilizar, pois as organizações da esquerda armada não conseguiram atingir esse estágio de evolução.

O ácido nítrico é altamente corrosivo. Um pinguinho que cai no chão forma um buraco e, se entrar em contato com a pele, provoca uma queimadura horrível, que destrói os tecidos, além de necrosar a região afetada, correndo risco de gangrena.

O que o povo brasileiro não sabe é que, em 1968, na chamada batalha da rua Maria Antônia, uma luta que houve entre alunos da USP e do Mackenzie, os participantes do Mackenzie, aliados à polícia militar e ao CCC – Comando de Caça aos Comunistas, um grupo paramilitar, de extrema-direita, jogou ácido nítrico contra os alunos da USP, atingindo vários estudantes, inclusive, mulheres. Entre as estudantes atingidas havia uma menina cearense de apenas dezesseis anos, secundarista, Mirtes Saneraro de Alcântara Nogueira. As moças só não morreram, ou não perderam as pernas, porque foram socorridas por uma mulher de coragem, Therezinha Zerbini. Quando ela se referia às estudantes, chamava-as de "as queimadas".

1969 representou o ano em que a esquerda armada brasileira sofreu o maior baque da sua história. Em 4 de novembro ocorreu o assassinato de Carlos Marighella, líder da ALN. Assim como o sequestro do embaixador americano fortaleceu a resistência, a morte de Marighella trouxe a desolação. Carlos Marighella era o revolucionário mais expressivo das organizações armadas. Seu propósito era lançar o foco da guerrilha rural na segunda quinzena de novembro. Estava só esperando o grupo de militantes que treinava em Cuba. Ele iria para o campo organizar a guerrilha rural, junto com os outros militantes. Seria uma maneira de se livrar das perseguições urbanas. A imprensa, que vivia calada, de repente estampa o assassinato de Marighella com todos os detalhes, como se fosse um troféu.

Os agentes do Estado conseguiram eliminar o homem que a ditadura civil-militar elegera como o seu inimigo número um.

3. No PCBR

Aconteceu você,
Doce raio de sol.
Trouxe as frutas
Do meu quintal,
Trouxe as flores
Que eu nunca vi.

GUILHERME ARANTES

INÍCIO

Entrei em contato com o PCBR, em que militei nos anos de 1970, 1971 e 1972, através do meu amigo Valter Pinheiro, que, um dia, me informou haver conhecido um pessoal com quem tinha marcado uma reunião, perguntou se eu gostaria de participar. Confirmei na hora. Ao chegarmos ao local da reunião, estavam lá Odijas Carvalho, o Neguinho, Rosane, a Telma e Ramires Maranhão do Vale. O Neguinho tinha uns grandes olhos verdes, era um negro muito bonito. Alto, magro, alagoano. A Telma era um tipo diferente. De cabelos muito curtos, morena clara, alta, usava uma minissaia, expondo um belo par de pernas. Achei Ramires lindo! Alto, magro, cabelos compridos, crespos, presos num rabo de cavalo. Depois descobri que o seu apelido era Cristo. Em Fortaleza, nem adiantava ter nome de guerra, pois todo mundo o chamava de Mago ou Maguinho. O que ele tinha de mais bonito eram os olhos, grandes e amendoados, de cor indefinida, ora castanhos, ora meio esverdeados, variavam de cor de acordo com a luz, os cílios longos, emoldurando um olhar muito expressivo. E o sorriso? Aquele sorriso doce, meigo, quase infantil, exteriorizando uma fileira de dentes perfeitos. Virei para o Valter e falei: se eu entrar, pelo menos, terei o prazer de ser recrutada por um gato. O Valter retrucou: não sei disso, não.

O PCBR era constituído por um grupo de militantes vindos de Recife para desenvolver um trabalho em Fortaleza, todos na clandestinidade.

Iniciamos as discussões. O grupo discorreu rapidamente sobre a linha política, o estatuto, e fez um rápido histórico do partido. Recebemos cópias da linha política e do Estatuto para estudarmos e discutirmos em nova reunião. Ramires foi o militante que o PCBR determinou para trazer o Valter e eu às suas fileiras. Sempre o achei bonito, mas não tinha nenhuma intenção de namorar, o nosso namoro começou bem depois.

Na linha política, a parte que discorria sobre a organização de massa, a organização da classe operária, a análise da realidade brasileira, a definição da guerra de guerrilhas como instrumento de luta na derrubada da ditadura e, em continuidade, para a realização da revolução socialista. A linha de massas definia que o povo se organizaria através das OIMs – Organização Independente da Massa. A população seria organizada para lutar por suas reivindicações, suas necessidades mais urgentes, tais como: moradia, escolas nos bairros, postos de saúde, transporte urbano, saneamento básico e outras. Essas organizações não seriam partidárias, embora não se impedisse que militantes dos partidos nelas atuassem. Fiquei fascinada e falei para o Valter:

– "Eis aqui um partido que possui uma linha política capaz de conduzir o processo revolucionário no Brasil. Vou entrar". O meu amigo Valter era mais ponderado. Achava que ainda havia muitos assuntos para se discutir e muitas posições a serem esclarecidas. Pediu calma, nada de precipitação. Encontrávamo-nos com Ramires uma vez por semana, com o objetivo de aprofundar as discussões políticas. E, assim, desenvolveram-se laços de amizade e confiança entre nós.

O PCBR foi criado a partir de 1967, oriundo da Corrente Revolucionária. A Corrente foi uma dissidência que se organizou dentro do PCB, formada pelos militantes descontentes com o posicionamento do partido por ocasião do golpe civil-militar em 1964 e com as teses ao 6º Congresso. Os militantes comunistas, organizados na Corrente, defendiam a luta armada, imediata, como forma de luta para derrubar a ditadura civil-militar. Em 1968 a Corrente Revolucionária se esfacelou, formando grupos com linhas políticas diferentes, mas todos defendendo a luta armada de imediato. Os grupos formados a partir da Corrente foram: a ALN, liderada por Carlos Marighella e Joaquim Câmara Ferreira; a Dissidência da Guanabara, que depois formou o MR-8; a dissidência que formou o POC – Partido Operário Comunista, e o PCBR. Dele faziam parte Mário Alves, Jacob Gorender, Apolônio de Carvalho e outros. O PCBR não abriu mão de se estruturar como partido comunista, nem da orientação marxista. O congresso de fundação do PCBR ocorreu num sítio, na Serra da Mantiqueira, em abril de 1968.

LINHA POLÍTICA

O PCBR, como a maioria dos grupos organizados pós-1964, defendia a luta armada como principal instrumento para derrubar a ditadura civil-militar. Tinha como definições fundamentais fazer avançar a revolução para a construção da sociedade socialista.

• Caráter da Revolução – Revolução Popular, que deveria destruir o Estado burguês e conquistar o governo popular revolucionário.

• Direção – Dirigida pelo proletariado em aliança com os camponeses e as camadas médias urbanas empobrecidas.

• Transformações – Nacionalização das empresas pertencentes ou associadas ao capital monopolista, reforma agrária radical, controle estatal dos setores básicos da economia, planificação do desenvolvimento econômico.

• Internacional – Independência e solidariedade a todos os países socialistas.

• Formas de Luta – Todas as formas de luta de massas, legais e ilegais contanto que desencadeassem e desenvolvessem a luta armada. A luta armada sem se dissociar da luta de massas.

O cenário primordial da luta armada deveria ser o campo e sua forma principal, a guerrilha rural. A linha militar do PCBR aderia ao lançamento das guerrilhas rural e urbana, porém havia diferença em relação às outras organizações. A esquerda armada que pretendia lançar a guerrilha rural seguia o modelo cubano, ou seja, lançar um foco numa determinada região no campo, que iria crescendo à medida que os camponeses fossem se conscientizando e se integrando à luta. Nas cidades, a guerrilha urbana continuaria com as ações de expropriação, principalmente a bancos, para manter a guerrilha rural.

O PCBR era contra o foquismo, pois defendia que esse modelo não era aplicável no Brasil, um país de extensão continental, com realidades regionais diferentes, além do mais, seria fácil um cerco do exército no local do foco guerrilheiro sem que as outras regiões tomassem conhecimento, pois a imprensa e todos os meios de comunicação estavam silenciados. Constava na linha política do PCBR que a guerrilha não poderia ser dissociada dos movimentos de massa, das lutas e reivindicações populares. Para o PCBR, o Brasil já possuía uma classe operária bem-desenvolvida, com organizações sindicais, embora se encontrassem sob intervenção, mas existiam como organização. A guerrilha rural não poderia ser lançada sem a adesão da classe operária e suas organizações.

Achei a linha política muito coerente, apresentava uma boa análise da realidade brasileira e resolvi entrar para o partido. O Valter não aderiu logo, somente bem depois é que ele resolveu aceitar. Tínhamos muitas divergências. Na época, nem eu nem o Valter fazíamos ideia do que era a vida na clandestinidade. Por isso éramos contra as ações armadas, a vida nos aparelhos, achávamos que esse tipo de prática era a principal causa das prisões ou quedas, como chamávamos na época. Somente muito tempo depois, já na clandestinidade, é que tomei consciência de que as prisões não eram fruto de um trabalho investigativo dos agentes da repressão, mas efeitos das bárbaras torturas nas prisões, nos porões dos quartéis. Dá para contar nos dedos os aparelhos que a polícia tenha descoberto por trabalho investigativo. Mesmo aqueles que se acha que eles descobriram, foram frutos de denúncias de vizinhos dedos-duros. A queda dos aparelhos e as prisões de companheiros nos pontos ocorriam por abertura, isto é, delação sob o efeito das torturas, por militantes presos que não resistiram.

Quando, numa reunião, criticamos as ações armadas e os aparelhos, a Telma (Rosane) nos convenceu, usando os seguintes argumentos: "Como os companheiros que se encontravam na clandestinidade iriam sobreviver?" As ações de expropriação tinham o objetivo de garantir a sobrevivência, pois na clandestinidade, as pessoas ficavam impedidas de trabalhar, de estudar, de manter contato com os familiares, não tinha outro jeito. Onde iriam morar? Os apoios ajudavam, mas não podiam guardar os militantes por muito tempo, senão eles também seriam presos. As explicações convincentes da Telma levaram-me a desenvolver o seguinte raciocínio: se o Estado ditatorial arranca os opositores do seu trabalho, do seio da família, inviabiliza o estudo por causa das perseguições, é muito justo que esse Estado, e seus aliados do capital, paguem a sobrevivência daqueles que jogam na clandestinidade.

Telma e os outros companheiros frisaram que o partido teria de investir na formação ideológica da militância, pois as aberturas eram frutos da fraqueza ideológica. Anos depois, na prisão, constatei que eles tinham razão.

INVASÃO DA TCHECOSLOVÁQUIA

Durante o período de discussão com o PCBR, um dos pontos de pauta que eu e o Valter queríamos saber era sobre o posicionamento do partido em relação à invasão da Tchecoslováquia, que ocorreu em 21 de agosto de 1968, pelas forças militares do Pacto de Varsóvia. Nós éramos contra a invasão, pois já havíamos firmado posição, desde o tempo em que participávamos do grupo trotskista extinto. Defendíamos a soberania e a autodeterminação dos povos. A invasão caracterizava-se como uma medida autoritária de cunho stalinista.

Os militantes do PCBR tomaram a defesa da invasão, afirmando que se tratava de uma contrarrevolução e volta ao capitalismo. Essa divergência gerou uma boa discussão.

Muitos anos depois, ao ler o livro de Jacob Gorender, *Combate nas Trevas*[1], é que tomei conhecimento do verdadeiro posicionamento do PCBR sobre a invasão da Tchecoslováquia o qual transcrevo.

"A posição internacionalista do PCBR tinha sido posta à prova pouco antes, quando, a 21 de agosto de 1968, as tropas do Pacto de Varsóvia invadiram a Tchecoslováquia e sufocaram brutalmente o processo de democratização socialista em avanço naquele país, sob a liderança de Alexander Dubcek."

"O Comitê Central do PCBR lançou declaração de repúdio à invasão comandada pela União Soviética e defendeu o pleno direito dos povos da Tchecoslováquia a decidirem de maneira soberana sobre suas questões internas."

Com a publicação dessa nota, o PCBR demonstrou uma posição democrática e corajosa para um partido novo que tinha sido fundado em abril daquele mesmo ano. Frise-se que, naquela época, a esquerda não falava em democratização dos países socialistas, embora muitos fossem contra o stalinismo.

Passaram-se os anos e eu reencontrei Marcelo Mário de Melo, ex-militante do PCBR, que chegou a ser um dos membros da direção nacional, o qual confirmou que o partido fora contra a invasão e que o Comitê Regional do Nordeste soltara um documento escrito por ele, mais contundente do que o do Comitê Central. O certo é que esse documento não deve ter chegado às mãos dos militantes que atuavam em Fortaleza, porque eles, realmente, se posicionaram a favor da invasão. Esse ponto retardou a minha entrada e a do Valter no partido, porque achávamos que era uma

1. Jacob Gorender, *Combate nas Trevas*, 2ª ed., Ática, 1987, p. 105.

posição stalinista, próxima ao PCB, que defendia a União Soviética a qualquer custo e acima de qualquer suspeita. Anos depois tive a oportunidade de ler a nota de repúdio do PCBR à invasão da Tchecoslováquia, transcrita na tese de mestrado de Renato da Silva Della Vechia, de agosto de 2005.

Hoje, eu me pergunto: por que os militantes de Fortaleza defendiam a invasão? Não sabiam mesmo da posição do partido? A única explicação lógica que encontro é que eles talvez não quisessem criar polêmica com as outras organizações. Os grupos mais fortes que atuavam em Fortaleza e dirigiam o Movimento Estudantil eram o PC do B – Partido Comunista do Brasil e a AP – Ação Popular. As duas organizações defendiam a União Soviética, sendo a favor da invasão. Para eles, a Tchecoslováquia estava voltando ao capitalismo.

Em 1968, a invasão da Tchecoslováquia dividiu a esquerda em dois blocos: os que eram contra e os que eram a favor da invasão. Os que se posicionaram contra defendiam que o país estava se reorganizando para deflagrar um verdadeiro processo de democracia socialista, antistalinista e os que defendiam a invasão afirmavam que se tratava de uma volta ao capitalismo.

O NAMORO

O começo do meu namoro com Ramires foi muito engraçado e romântico. Até aquele momento, não havia nenhum interesse nesse sentido, da parte dele nem da minha. Eu era uma pessoa para ser convencida a entrar para o partido e ele seria o militante cuja tarefa seria a de recrutar a mim e ao Valter. Eu apenas o achava muito bonito, um gato.

Um belo dia, o pessoal me convidou para participar de um encontro de lazer que eles iriam promover à noite, num restaurante, às margens da Lagoa de Messejana. Era só para descontrair, tomar umas cervejinhas e comer alguma coisa. Fazia uma noite linda! A lua cheia flutuando num céu limpo, espalhando prata por todo o ambiente. O Ceará possui o mais belo luar do mundo. Só o Ceará possui uma lua assim, um céu assim, um luar assim. Uma lua grandona no céu se refletia na lagoa feito uma bola de ouro. Fiquei um bom tempo ali, admirando aquela paisagem.

O restaurante era simples, mas muito bem localizado no beiço da lagoa, como diz o cearense. Existia um tablado de madeira que avançava para dentro da água prateada pelo clarão da lua. Dava vontade de mergulhar naquela prata líquida. A turma sentada em torno das mesas conversava, ria, tomava cerveja e comia peixe frito. Começou a tocar uma música muito bonita, parece que era *Feeling*, com os Bee Gees, conjunto famoso, muito apreciado pelos jovens, na época. Eu tive vontade de dançar e me dirigi a Ramires: "vamos dançar?" Ele me respondeu: "Mulher, eu não sei dançar". Eu falei sorrindo: "Não precisa saber, é música lenta, a gente fica só encerando o taco" (piso de madeira), expressão usada, na época, para caracterizar pessoas que dançavam sem sair do lugar, só embalando o corpo ao ritmo da música.

Fomos ao *dancing*. Ficamos juntinhos, acompanhando o ritmo da música e começamos a nos beijar. Quando a música terminou, voltamos de mãos dadas para a mesa. O pessoal ria e falou para nós: "vocês não estavam só encerando taco não!" A partir daí começamos a namorar firme. O tempo que passei ao lado de Ramires, em Fortaleza, foi o mais significativo e feliz da minha vida. Aquele encontro na Lagoa de Messejana parece que foi um presságio, pois em tupi-guarani, Messejana significa "abandonada". "Tudo passa sobre a terra" (*Iracema*, José de Alencar).

NOSSA CASA: O APARELHO

Era uma vez
Um garoto
Que tocava violão,
Gostava de Chico Buarque,
Dos Beatles,
E de mim.

Paródia do início do filme *Love Story*

Em meados de 1970, o PCBR me propôs montar um aparelho, juntamente com Ramires, como marido e mulher.
O nosso namoro já estava bem avançado e eu não tinha
nenhuma dúvida em relação aos meus sentimentos. O problema era a clandestinidade, para a qual eu não me sentia preparada. A Polícia Federal andava rondando lá pela
Residência Universitária, onde eu morava. Ficavam disfarçados na faculdade. As minhas colegas avisavam onde
eles estavam, falavam se eles haviam feito alguma pergunta. Mesmo assim eu ainda tinha uma vida legal. Lecionava
no Colégio São José, uma escola particular, situada à Avenida Visconde do Rio Branco, e continuava estudando na
FAFICE. Eu não via sentido na clandestinidade. Achava
que deveria ser uma prática aplicada como último recurso,
quando não houvesse mais saída. Não era o meu caso. Embora tivesse consciência de que ninguém entra na clandestinidade por opção. Era o Estado brasileiro que obrigava
os militantes de esquerda a levar uma vida clandestina, por
causa das perseguições, as prisões e as torturas. Na clandestinidade, o militante fica isolado das massas, dificulta-
-se muito o trabalho de conscientização do povo. Como

iríamos realizar a revolução socialista sem o trabalho de massas, sem a adesão popular?

Mesmo questionando, aceitei a tarefa. O partido precisava de um aparelho legalizado, insuspeito, pois iria realizar uma ação de expropriação financeira.

Tranquei a matrícula na faculdade, larguei o emprego e fui morar no aparelho, ao lado do meu amor. O mais difícil foi deixar o curso de francês na Aliança Francesa, que eu adorava e no qual estava indo muito bem. Para justificar a minha saída, aleguei dificuldades financeiras. Os meus colegas de curso gostavam muito do meu desempenho e um deles se ofereceu para pagar as mensalidades. Claro que não aceitei, mas nunca esqueci a generosidade daquele rapaz, de cujo nome não me lembro. Largar o curso de francês foi o que mais doeu.

Fomos morar no bairro Montese, numa travessa da Avenida 14 de Julho, numa casinha simples, de três cômodos, com um bom quintal, onde os pássaros cantavam de manhã e à tardinha. Era uma casa bem arrumadinha. Éramos eu, Ramires e o Paulo Magalhães, o Moleque. Quando vi o Moleque, fiquei decepcionada, porque ele era muito criança. Um menino negro, lindo, "com aqueles olhinhos infantis" que "não eram olhos de um bandido", eram olhos de criança mesmo, com um sorriso puro. Não me contive e falei: "Nós vamos fazer revolução com criança?"

O Moleque ficou muito bravo e respondeu com voz forte, querendo ser adulto: "Não sou criança, sou um revolucionário e estou aqui para fazer a revolução". Eu respondi que na sua idade, devia estar namorando as meninas e beijando muito... Ele replicou: "Minha namorada é a revolução!" Eu respondi: "Mas revolução não transa, Moleque". Todo mundo caiu na risada.

Levávamos uma vida normal. Saíamos cedo, todos os dias como se fôssemos trabalhar, mas íamos realizar as tarefas do partido. Ramires tocava violão, gostava de cantar as músicas de Chico Buarque e dos Beatles. Alguns meses depois, veio passar uns dias em nossa casa um militante amigo de Ramires, o Lúcio, nome de guerra. Paraibano, moreno, olhos grandes e negros, com cílios muito longos e pupilas inquietas. Cabelos negros muito lisos, estatura mediana. Adorava os Beatles, cantava muito bem. Ramires tocava violão e cantava com ele as músicas dos Beatles. O Lúcio cantava a música *Help* tão bem, que o seu apelido ficou sendo *Help*.

Anos depois encontrei o Moleque, em Recife, já um homem, e começamos a recordar aqueles velhos tempos. Ele perguntou, rindo, se eu me lembrava do "coisinha fofa". Falei que não. Ele me fez relembrar de um vizinho, lá da casinha do Monteses. Como as casas eram pequenas e muito próximas, dava para ouvir as conversas, se fossem em voz alta. O nosso vizinho possuía um problema de fono, era muito fanhoso. Ele tinha um bebezinho e, quando voltava do trabalho, brincava com a criança e falava repetidas vezes: "coinzinhafonfa", "coinzinhafonfa". E nós ríamos muito. Éramos todos jovens e jovem ri de tudo.

O Moleque contou que, quando ele foi preso, a polícia o obrigou a levá-los até o aparelho, a nossa casa, onde morava. Ao chegar ao local, os militantes do PCBR encontravam-se lá, fazendo a mudança. E houve aquele tiroteio. Ele, Moleque, dentro da Rural Willys da Polícia Federal, ria pensando como estaria o "coinzinhafonfa" debaixo daquele tiroteio. Para reafirmar a sabedoria popular, seria cômico se não fosse trágico.

Na casinha pequenina do Montese, eu e Ramires nos amamos verdadeiramente e fomos muito felizes. Porém o tempo não quis. De repente, nos tirou tudo, para nunca mais voltar.

1970: CAMPANHA DO VOTO NULO

Falar de eleição numa ditadura militar parece piada. As pessoas pensam que não há processo eleitoral num governo ditatorial, anticonstitucional. Mas a ditadura civil-militar realizava eleições a cada quatro anos, somente para o legislativo (deputados e senadores), pois os governadores e prefeitos eram nomeados, biônicos, como chamávamos na época. Existiam apenas dois partidos: a Arena – Aliança Renovadora Nacional, que apoiava o regime e o MDB – Movimento Democrático Brasileiro, partido de oposição consentida. O primeiro ato do golpe civil-militar de 1964 foi acabar com os partidos políticos, através do Ato Institucional n. 1, que permitia apenas dois. No início não havia muita diferença. A população sabia que as eleições representavam uma farsa usada pela ditadura para mascarar o regime, fingindo uma democracia ante a comunidade internacional.

Nas eleições de 1970, as organizações de esquerda que optaram pela luta armada defenderam o VOTO NULO. O PCBR lança a campanha, que foi uma das suas ações de massa mais bem-organizadas. Foi toda planejada com base nas teorias de agitação e propaganda que os militantes chamavam de Agitprop. Consistiu na divulgação de símbolos que iam sendo distribuídos para a massa, passo a passo, com o objetivo de conscientizá-la paulatinamente.

Na primeira etapa da campanha, um grande x era pichado misteriosamente em todos os lugares. Os militantes conduziam sempre giz de cera, carvão e pichavam um x em tudo. À noite, realizavam pichamentos organizados, com *sprays*, de um x enorme nos muros. Distribuíam panfletos com o papel no formato de uma cédula de votação, contendo apenas um x de ponta a ponta. A ideia era despertar a curiosidade da população para o significado daquele x, que estava aparecendo em todos os lugares.

À medida que as eleições se aproximavam, a campanha se intensificava. Na segunda fase, distribuía-se o modelo de uma cédula de votação, contendo o mesmo x e, embaixo, escrito em letras garrafais: "VOTE NULO". As panfletagens eram incrementadas com discursos-relâmpagos, conclamando a população para anular o voto.

A terceira etapa era a mais contundente, pois a data da eleição já estava bem próxima. Dessa vez, as pichações e os panfletos traziam a palavra de ordem: "ELEIÇÃO É TAPEAÇÃO, LUTA ARMADA É A SOLUÇÃO". A militância e as outras organizações de esquerda formavam grupos e distribuíam panfletos com a palavra de ordem, faziam discursos-relâmpagos, denunciando o caráter daquela eleição, a farsa da ditadura, que prendia, torturava, assassinava, e queria ostentar uma máscara de democracia para enganar o povo.

A eleição realizou-se em 15 de novembro de 1970. O resultado foi uma grande porcentagem de votos nulos. O MDB sofreu uma grande derrota, elegeu poucos candidatos, pois os votos nulos seriam votos da oposição. A direita votou na Arena. Para as organizações de esquerda, a campanha foi vitoriosa, pois a população atendeu ao chamado para anular o voto. Mas os efeitos foram negativos, pois a direita se engrandeceu. A Arena se autodenominou "o maior partido da América Latina". Foi beneficiado o governo do ditador Médici. Na época, a esquerda não percebeu o equívoco.

Ocorreu o contrário em 1974. Dessa vez, a população resolveu desafiar a ditadura, votando nos candidatos mais avançados do MDB, em cujas fileiras se constituiu um grupo autêntico, além de candidatos que possuíam vínculos com o movimento popular. O povo mostrou o quanto estava insatisfeito e como queria a volta da Democracia. Estava-se no início do governo Geisel. Esse fato favoreceu a luta pela Anistia, o movimento foi crescendo cada vez mais e envolvendo a sociedade como um todo.

O PCBR EM FORTALEZA

O ano de 1970 não foi um bom ano para a esquerda brasileira. O ditador Médici iniciara seu governo sob o signo das torturas, mortes e desaparecimentos. Instrumentalizado pelo AI-5 que, para os ditadores, funcionava como suporte legal, porque permitia aos governantes agir como bem entendessem, partiu para a eliminação dos militantes e opositores sem fazer distinção de grupos, nem de ideologia, num verdadeiro "caiu na rede é peixe". Em novembro de 1969, o movimento revolucionário já havia perdido Carlos Marighella, assassinado numa emboscada. O PCBR sofreu grandes perdas no início de 1970, quando ocorreu a prisão de todo o Comitê Central: Mário Alves, Jacob Gorender, Apolônio de Carvalho e outros, culminando com o assassinato de Mário Alves. Apesar dessa tragédia, o partido conseguiu se reorganizar e os trabalhos, de certa forma, cresciam, principalmente, na Bahia, em Pernambuco, e, agora, no Ceará.

As ações do PCBR realizadas em Fortaleza foram estrategicamente planejadas e bem-sucedidas. Os agentes da repressão não descobriram a autoria. Se tomaram conhecimento depois, foi através de depoimentos de militantes presos que falaram sob tortura. Como não dá para citar cronologicamente, vou começar pela mais importante, a ação de expropriação financeira na agência do Banco do Brasil, em Maranguape, uma cidadezinha próxima à Fortaleza. Foi uma ação muito bem-feita, teve muita repercussão, foi o maior "olé" nos agentes da repressão, os caras ficaram a ver navios, não sabiam a quem atribuir a ação. Houve também a expropriação do carro pagador do Banco London. Os revolucionários trancaram o veículo numa rua movimentada, pegaram os sacos de dinheiro e os funcionários do banco nem viram quem foi, de tão rápida que foi a ação.

Outra ação bem-feita, embora equivocada, foi a expropriação do mimeógrafo da Faculdade de Filosofia Ciências e Letras do Ceará – FAFICE. Naquele tempo não havia computador, nem essas impressoras modernas que existem hoje. Quando se necessitava de impressos que não fossem feitos em gráficas, utilizava-se o mimeógrafo. A FAFICE possuía um mimeógrafo de última geração, para imprimir as provas dos alunos, trabalhos dos professores, papelada da secretaria, essas coisas.

O braço armado do PCBR expropriou o mimeógrafo, pichou uma palavra de ordem e assinou FREP – Frente Revolucionária Popular. Foi muito engraçado, porque os agentes da repressão nunca tinham ouvido falar em FREP, ficaram feitos baratas tontas, sem saber onde procurar. Também não sabiam a quem atribuir o feito, pois, até então, não conheciam nenhum grupo que se denominasse FREP. A Frente Revolucionária Popular constava da linha política do PCBR, na parte que definia a organização de massa. Os agentes procuravam a FREP como se fosse um grupo novo.

Apesar de a ação ter sido tecnicamente bem-feita, foi equivocada politicamente, porque havia militantes do PCBR na FAFICE, eu, o Valter, além de simpatizantes. Havia militantes pertencentes a outras organizações. Basta lembrar que o José Genoíno, ex-presidente do DCE – Diretório Central dos Estudantes, militante do PC do B, que se encontrava na clandestinidade por ter sido preso, por ocasião do XXX Congresso da UNE, em 1968, havia estudado na FAFICE, no curso de Filosofia. Os agentes da repressão poderiam desencadear uma ação repressiva, incriminando todos os estudantes de esquerda da faculdade. Ainda bem que eles não cometeram essa insanidade.

Não sei se o objetivo do partido era confundir a repressão ou lançar a FREP em grande estilo. Caso a finalidade fosse o lançamento da FREP, seria mais um equívoco, lançar uma frente popular, através de uma ação armada, num momento em que o povo estava com muito medo, não estava se organizando, nem lutando, nem reivindicando nada. 1970 foi o ano da Copa do Mundo, o povo estava envolvido com futebol. O Brasil trouxe a taça do tricampeonato. Divulgavam-se os *slogans* de propaganda do regime: "Brasil, ame-o ou deixe-o", e outras coisitas mais.

Uma ação simples, que teve uma repercussão muito boa, foi o pichamento na fachada do TRT – Tribunal Regional do Trabalho. Naquela época, quando um trabalhador era dispensado do serviço, sem justa causa, recebia uma indenização correspondente a um salário, de acordo com o registro em carteira, referente a cada ano trabalhado na empresa. Se o trabalhador fosse antigo e ganhasse bem o valor da indenização era alto. Os patrões não pagavam os direitos devidos, descumprindo a legislação, e os trabalhadores entravam na justiça, porém o Tribunal engavetava os processos. O PCBR conseguiu o número exato dos processos trabalhistas engavetados na justiça do trabalho. Um dia, as paredes da fachada da frente do Tribunal Regional do Trabalho amanheceram pichadas: "TANTOS MIL PROCESSOS ENGAVETADOS" (Não lembro o número exato.) Os pichadores jogaram piche nas paredes, o piche escorria como se fosse sangue, formando uma imagem forte que chamava a atenção. O Tribunal ficava bem no centro da cidade e um grande fluxo de pessoas circulava por ali. O pichamento virou matéria de jornal.

Os grupos que defendiam a luta armada eram muito radicais. Não existia nos programas a etapa de democracia burguesa, após a ditadura civil-militar. Todos queriam derrubar a ditadura, mas as linhas políticas definiam que, com o fim da ditadura, avançariam as lutas pelo socialismo no Brasil. Quem defendia a etapa da democracia burguesa, após a ditadura, era o PCB, que, para a esquerda armada, era reformista e queria fazer a revolução por etapa. O posicionamento político do PCB era muito criticado.

No início de novembro, já bem próximo às eleições, os militantes do PCBR, juntamente com as outras organizações, saíram às ruas para realizar a última etapa de propaganda da campanha do voto nulo. Realizei a minha tarefa com o meu grupo, tudo em paz, sem problemas e fui para casa. De repente, chega o Ramires, ofegante, dizendo: "Vamos abandonar a casa imediatamente, o Moleque foi preso".

Fiquei surpresa, pois todos os grupos tinham realizado suas tarefas e nada tinha acontecido.

"Como?"

Ramires respondeu: "O grupo dele quebrou todas as regras de segurança. Quando terminaram, ao invés de se dispersarem, saíram juntos pichando tudo que encontravam. Uma viatura da polícia ia passando, vendo o grupo pichando, os policiais desceram para ver o que era e o Moleque atirou. Não atingiu o policial, mas foi preso e os outros fugiram".

Eu lembrei: "A arma do Moleque era a que eu expropriei do vigia da Residência Universitária e dei para você. As balas, tipo balas *dum-dum*, aquelas que, quando batem, explodem, são privativas das Forças Armadas". "Tô perdida!"

"Vamos sair daqui imediatamente – disse ele –, o Neguinho (Odijas) está nos esperando num ponto".

Quando eu saí da Residência Universitária, expropriei um revólver do vigia que estava abandonado numa gaveta e dei para Ramires. Era um revólver calibre 38, todo niquelado, parecia prata, muito bonito, se é que se pode dizer que uma arma é um objeto bonito. O Ramires limpou e foi ele quem me explicou o tipo de munição que existia no revólver. Pensei: "O que faz um simples vigia de residência feminina possuir uma arma com balas explosivas?"

Entendi por que o PCBR queria montar um aparelho desqueimado. O objetivo era guardar o dinheiro da expropriação do Banco do Brasil. Havia muito dinheiro guardado em nossa casa. Pegamos duas sacolas grandes de feira, forramos com algumas roupas, colocamos o dinheiro e cobrimos com bananas, alfaces, e saímos como se estivéssemos voltando da feira. Encontramos o Neguinho e ele nos levou para o aparelho da Telma (Rosane Alves Rodrigues).

Na parte da tarde observei que o pessoal estava se mobilizando para desocupar a nossa casa, ia fazer a mudança. Fiquei louca com essa ideia e me opus terminantemente. Mostrei que o Moleque era apenas uma criança, não tinha estrutura para resistir às torturas. Eles responderam que ele não iria falar logo no primeiro dia. Existia uma orientação sobre comportamento na prisão. O militante deveria aguentar pelo menos três dias para dar tempo ao pessoal mudar, desmarcar pontos, avisar aos outros companheiros e assim por diante.

Falei que não adiantava seguir essa teoria, que o Moleque não ia aguentar, afinal, ele era apenas uma criança. Pedi muito para eles não realizarem essa mudança, mas não adiantou nada.

Enquanto os militantes estavam desocupando a casa, os agentes da repressão chegaram. Houve um tiroteio, os militantes receberam os agentes à bala e conseguiram fugir, mas Pedro Paulo Pinheiro foi baleado e ele era apenas um simpatizante. A queda do Moleque pôs por terra o trabalho do PCBR em Fortaleza. Ninguém tinha mais condições de permanecer naquela cidade.

O ABISMO DO NADA

A partir da queda do aparelho passei a viver na clandestinidade. Ficamos confinados num aparelho, ninguém podia sair, nem falar alto, não podia transparecer a quantidade de pessoas que se encontravam abrigados naquela casa. Só quem podia sair, mesmo assim em extrema necessidade, era a Telma e o rapaz que legalizava o aparelho com ela, cujo nome não me lembro. Alguns dias depois, o partido resolveu desmontar aquele aparelho por problemas de segurança, achava que estava chamando muito a atenção, mas precisava encontrar lugar para os militantes ficarem provisoriamente. Todos ficariam nas casas dos apoios, até o partido montar outro aparelho, em lugar diferente.

Eu e Ramires ficamos na casa do professor Osvaldo Bezerra. Eu já o conhecia, era meu amigo, estudava na FAFICE, havia participado do grupo trotskista do qual eu fizera parte. Era casado, tinha cinco filhos pequenos, inclusive um bebê. Na casa do Osvaldo ficamos mais à vontade, porque ele e a mulher prepararam a vizinhança, dizendo que iriam receber um casal, vindo do interior, seus primos, que iriam passar uns dias com eles. Foram uns dias muito legais. Ramires brincava com os meninos no quintal, eu procurava ajudar a mulher nos afazeres da casa. Ficamos lá mais ou menos uns quinze dias e fomos para o novo aparelho do partido. Ali seria definido o destino de cada um de nós. Iríamos saber para onde seríamos enviados e em qual Estado iríamos atuar. Para mim, significava a separação.

Nunca esqueci a solidariedade do Osvaldo e sua mulher, que, embora vivessem com dificuldades, nos receberam muito bem. Depois de muitos anos, voltando a Fortaleza, perguntei pelo Osvaldo. O pessoal informou que ele morrera muito novo, pois entregara-se ao alcoolismo. Fiquei muito triste. O Brasil perdeu um grande ser humano honesto e solidário. Osvaldo Bezerra, presente.

Somente quem viveu na clandestinidade entende o que vou descrever aqui.

Clandestinidade é cair no abismo do nada. Quando alguém cai no abismo, esbarra ou cai em algum lugar. Como diz o dito popular: do chão não passa. O clandestino fica flutuando no limbo do nada. Até porque em qualquer lugar que ele cair ou esbarrar significa correr risco, viverá sempre em perigo. O clandestino é um morto-vivo, existe sem existir, não pode mais ser ele mesmo, nem consegue ser a pessoa de quem tenta assumir a identidade. É a perda total da identidade. Não é nada nem ninguém. Ser clandestino foge totalmente da essência do ser humano. Todo ser humano é e tem, o clandestino não é ninguém nem pode ter nada.

Hoje fico indignada quando vejo pessoas do antigo regime, ex-repressores cujas únicas fontes de informação provêm da imprensa golpista, estufarem o peito e procurar igualar as ações da esquerda armada às dos bandidos. Os revolucionários que pegaram em arma contra a ditadura civil-militar não eram bandidos. As expropriações de bancos faziam parte da luta revolucionária e pela sobrevivência. Os sequestros, cujos fins eram a libertação de companheiros presos e torturados pelos agentes da ditadura, tiveram cunho altamente político, além de não terem culminado com a morte de nenhum sequestrado.

O Estado brasileiro, opressor e ditatorial, arrancou os jovens do seio de suas famílias, das universidades, das escolas, dos empregos, e os jogou nessa situação. Os opositores não tinham opção, ou tentavam manter-se na clandestinidade, ou seriam presos, torturados e, em muitos casos, mortos.

Na clandestinidade, o indivíduo perde os seus amigos, perde o emprego, sai da escola, não pode entrar em contato com a família, como vai sobreviver? Foi o Estado quem jogou todos os opositores do regime na clandestinidade, sendo muito justo que o Estado garantisse a sobrevivência deles, mesmo que na marra. Nunca esquecer que éramos todos muito jovens.

No final de dezembro de 1970, o PCBR já havia definido o nosso destino. Neguinho (Odijas), Maria Yvone Loureiro sua esposa, eu e Lília da Silva Guedes (namorada do Help) iríamos para Recife. Ramires e Lúcio (Help) iriam para o Rio de Janeiro. Questionei porque eu achava que poderia ir para o Rio, junto com Ramires. Como não conhecia nenhuma das cidades, onde quer que eu fosse iria realizar um trabalho novo. O Partido explicou que estava precisando de gente em Pernambuco, para reorganizar o trabalho na área metropolitana de Recife. Além do mais, não fazia parte da prática política juntar os casais, por questão de segurança e preservação, pois se um fosse preso o outro iria junto, seria a perda de dois militantes de uma só vez. Aceitei os argumentos e fui para Pernambuco.

EM MARIA FARINHA

Maria-farinha é o nome de um pequeno crustáceo muito comum nas praias de Recife. Trata-se de um caranguejo minúsculo, branquinho, que se esconde debaixo da areia. A presença abundante desse crustáceo em uma região praiana bem afastada de Recife nomeou uma das mais belas praias pernambucanas. Maria Farinha era uma colônia de pescadores, de casas simples, um lugar onde a natureza era muito preservada. Não havia ondas no mar. No período da manhã podia-se entrar na água e adentrar muito no mar, com água pela cintura. Porém à tarde, a maré enchia e as ondas ficavam muito fortes. Neste paraíso, o PCBR montou um aparelho onde ficariam os militantes que tinham atuado em Fortaleza. Eu, Lília da Silva Guedes, Mário Albuquerque, Odijas Carvalho de Souza (Neguinho) e Maria Yvone Loureiro, que eram "dois casados certos", para citar Paulo Vanzoline.

Era final de dezembro de 1970. Ficamos ali, esperando as decisões do partido para nos encaixar no trabalho político daquele Estado. Quem já viveu na clandestinidade sabe como é a vida num aparelho, não há nada para fazer. Apesar daquela praia paradisíaca, a vida se arrastava monótona, todos nós estávamos ansiosos para sermos encaixados em alguma frente de trabalho político. O nosso cotidiano consistia em ir à praia pela manhã, dar uns mergulhos, nadar um pouco, tomar um solzinho na areia branca, voltar para casa, fazer alguma coisa para comer. À tarde ouvíamos música, discutíamos alguns assuntos referentes ao partido ou em relação à realidade brasileira. A espera era lenta e o encontro da direção estava previsto para o início de 1971, quando seria decidido o nosso destino.

> Vem, meu menino vadio!
> Vem sem mentir pra você.
> Vem, mas vem sem fantasia
> Que da noite pro dia
> Você não vai crescer.
>
> CHICO BUARQUE DE HOLANDA
> *Sem Fantasia*

Esta música eu ouvia e cantava na solidão do aparelho de Maria Farinha, pensando em Ramires.

Embora se encontrassem no aparelho pessoas como a Yvone, o Neguinho, companheiros que eu amava e em quem confiava, fiquei muito triste e introspectiva. Eles conversavam comigo, mas minha saudade era imensa. No Ceará, questionei o partido pelo fato de nos separar, pois eu não via sentido na separação. Eles me convenceram, alegando problemas de segurança. Aceitei, mas o convencimento não acaba a tristeza nem varre a saudade de dentro de nós. Fiquei convencida, porém triste.

Um dia, criei coragem e me abri com Yvone e Neguinho. Falei que a nossa relação não estava boa, que tivemos uns problemas de relacionamento sem o tempo de conversar pela precipitação dos acontecimentos. A queda do nosso aparelho, o tiroteio, que, quase provoca a prisão de muitos militantes, a urgência em sair do Estado, todos esses fatos não proporcionaram condições de diálogo e agora não teríamos oportunidade de conversar. Desde Fortaleza, o Neguinho era o nosso orientador, o nosso guru, meu e de Ramires.

Quando contei, foi uma surpresa para o Neguinho, pois ele pensava que a gente estava se entendendo muito bem. Ocorre que, encontrava-se no aparelho, o militante Marcelo Mário de Melo, que era da direção. Ele, observando a minha tristeza, conversou comigo e eu contei para ele o problema de relacionamento existente entre eu e Ramires. Diante da situação, ele resolveu dar um jeito e se posicionou para que houvesse um encontro do casal, e foi incisivo. Ele não viaja sem antes haver um encontro entre os dois e decidiu: "Ela vai para Maceió com a gente". Se podemos afirmar que comunista é santo, Neguinho e Marcelo eram uns santos comunistas. Poucos dias depois, recebi o comunicado que eu iria encontrar com Ramires, antes da viagem dele para o Rio de Janeiro. Teríamos a oportunidade de conversar e acertar a relação. Pulei de contente. Como uma adolescente, contava os dias nos dedos, ansiosa para que chegasse logo o momento em que eu iria encontrar Ramires. Durante a espera, eu cantava...

Vem que eu te quero fraco,
Vem que eu te quero tolo.
Vem que eu te quero todo meu.
CHICO BUARQUE DE HOLANDA
Sem Fantasia

Afinal, chegou o dia. O partido havia dado o consentimento para eu ir a Maceió encontrar Ramires. Eu estava ansiosa, radiante de tanta felicidade. Saímos bem cedo em um fusquinha, Mário Albuquerque, Marcelo Mário, Pedro Eugênio de Toledo, do movimento estudantil e eu. Quem dirigia o fusquinha era o Pedro, o dono do carro. O pessoal ia cobrir um ponto com Ramires, às doze horas. Mário resolveu passar primeiro no Bom Pastor para entregar uma carta a sua mulher, Vera Maria

Rocha, que se encontrava presa. Ele demorou, perdemos muito tempo, de forma que o Pedro dirigia em alta velocidade, para chegar ao ponto no horário combinado.

Seguíamos cantando músicas tipo "dor de cotovelo". Na época, eu sabia todas as músicas de Nelson Gonçalves. Na entrada de Maceió, a estrada faz uma grande curva fechada. Como o Pedro dirigia em alta velocidade, ao fazer a curva o carro capotou. Não aconteceu nada com ninguém, mas eu fraturei a clavícula. O pessoal me levou ao hospital, onde foi efetuada a imobilização do braço. Eu queria estar bem bonita para encontrar com o meu amor, mas fiquei toda enfaixada e com muita dor.

Ficamos em um hotel. Eu não teria tarefas políticas, estava ali somente para me entender com ele. Conversamos muito, nos beijamos, nos amamos muito. O nosso amor se fortaleceu cada vez mais. Permanecemos em Maceió durante uns oito dias, porém chegou a hora mais difícil, a hora do adeus. Voltei para Recife com os companheiros. Havia um problema. Eu não poderia mais ficar no aparelho de Maria Farinha, pois estava identificada, marcada, além de precisar de atendimento médico. O Mário me levou para a casa de umas freiras americanas, no Pina. O Pina, apesar de ser uma praia muito bonita, próxima a Boa Viagem, enquanto esta era frequentada pela elite, o Pina era uma praia de pobres. As freiras desenvolviam um trabalho comunitário lá. Eram progressistas e ajudavam os militantes de esquerda.

O partido me deu um dinheiro porque achava que eu precisaria de uma cirurgia e as freiras iriam viabilizar o atendimento médico. Ocorre que, nesse espaço de tempo, conheci um ex-militante do PCBR o Cleodon, que, no momento, entrara na Polop – Política Operária e ia se mudar para São Paulo. Ele frequentava a casa das freiras. Quando contei minha história e disse que estava aguardando a cirurgia, falou que conhecia um médico ortopedista em Garanhuns, que estava curando as pessoas sem intervenção cirúrgica, pois a cirurgia ortopédica é muito radical e só deve ser feita se for comprovada a necessidade, em última instância. Acrescentou que eu não me submetesse ao processo cirúrgico sem antes falar com esse médico.

Fomos a Garanhuns. Ficamos na casa dos pais de Cleodon, uma família muito atenciosa e acolhedora. O nome do médico era Iglésias. Ele examinou a fratura, viu as radiografias e falou que não precisava de cirurgia. Eu disse para o doutor Iglésias que o médico que me atendeu em Recife afirmou que o osso fraturado estava encavalado e que, se não operasse, eu ficaria aleijada, com um ombro menor que o outro. Ele confirmou que o ombro ficaria mais curto, porém a diferença seria tão ínfima, que não seria percebida, e que não haveria futuras consequências. Trocou as ataduras, posicionou bem o osso, imobilizou novamente e marcou o dia de voltar. O tratamento durou 45 dias. Não fiquei aleijada, ninguém nota a diferença entre os ombros e o médico não cobrou nada. Sou muito grata ao médico e ao Cleodon.

Todos saíram ganhando. Eu, por não ter ficado aleijada, o partido por não precisar da cirurgia, que era um risco de segurança, e Ramires, por não ter uma mulher com defeito físico. Como é importante para a sociedade um profissional competente e honesto! Quanto bem o Dr. Iglésias fez para a humanidade!

APRENDENDO COM CLEODON

Após 45 dias o médico me liberou. Retirou as faixas, mas o braço, após tanto tempo imobilizado, não voltava à posição normal e doía muito, quando eu forçava. O Dr. Iglésias me explicou que o osso havia colado, mas ainda estava muito tenro, que não era para fazer esforço, nem pegar peso, e me ensinou uns exercícios para o braço voltar ao normal, aos poucos.

Voltei para a casa das freiras para me recuperar, aguardar as decisões do partido e saber em que frente de trabalho eles iriam me encaixar. Enquanto Cleodon me acompanhava no tratamento, ele me passou todos os contatos no movimento operário. Apresentou-me à ACO – Ação Católica Operária, uma entidade ligada à Igreja Católica que desenvolvia um bom trabalho junto aos operários. Apresentou-me a alguns padres progressistas e me orientou a procurar emprego nas fábricas e desenvolver um trabalho com os operários. Era tudo o que eu queria, pois as organizações de esquerda defendiam a supremacia da classe operária no processo de construção do socialismo e nenhuma delas tinha operários nas suas fileiras.

No início de fevereiro de 1971, a direção do partido encontrava-se reunida em Pirangi, Rio Grande do Norte, decidindo os novos rumos da organização, quando as forças da repressão derrubaram o aparelho de Maria Farinha, ocorrendo a prisão de Odijas Carvalho de Souza, o Neguinho, e Lília da Silva Guedes. Quando eu me encontrava no aparelho de Maria Farinha, Mário Miranda, Tomaz, entregou uma certidão de nascimento para mim, outra para Lília e outra para Yvone e nos mandou para João Pessoa com o objetivo de tirar uma documentação fria. Conseguimos a documentação. Com a prisão de Lília, tomei conhecimento de que os documentos dela eram iguais aos meus. Eu e Lília éramos a mesma pessoa, Severina Maria da Silva.

Poucos dias após a prisão de Odijas e Lília, Mario Albuquerque que se encontrava em Pirangi, saiu antes de terminar o encontro, porque tinha um compromisso, como também para avisar que as reuniões iriam se prolongar por mais uns dias. Foi preso ao chegar ao aparelho de Maria Farinha, pois os agentes da repressão permaneceram na casa a espera de alguns militantes desavisados. Cleodon veio me avisar, pois Mário era o único que sabia que eu me encontrava na casa das freiras.

Destruí os documentos de Severina Maria da Silva e saí da casa das freiras imediatamente. Fui para um pensionato de uma mulher conhecida de Cleodon, à rua Santo Amaro, tirei outra documentação com o nome de Laura Maria Mendes e comecei a procurar emprego nas fábricas. Dias depois, Cleodon foi embora para São Paulo. Os militantes que se encontravam em Pirangi, Rio Grande do Norte, também foram presos, dentre eles: Carlos Alberto Soares, Rosa Maria Barros dos Santos, esposa de Carlos Alberto, Maria Yvone Loureiro, esposa de Odijas e outros. Marcelo Mário de Melo foi preso depois, em Natal.

Quando consegui entrar em contato com o partido, tomei conhecimento do trabalho político que a direção havia definido para mim. Eu seria treinada para ser motorista de ação. Dessa vez me rebelei e não aceitei. Falei que queria ser integrada no trabalho de massa, que eu já estava me integrando por conta própria, que havia conseguido bastante contato com operários, que estava procurando emprego nas fábricas, que seria até um problema de segurança largar tudo agora. Falei que não queria viver confinada em um aparelho, que o partido precisava se organizar no trabalho de massa para sair do isolamento. Mediante meus argumentos, eles aceitaram. Consegui emprego numa fábrica de tecidos, o Cotonifício da Torre, no bairro da Torre, no setor de controle de qualidade. Trabalhei na fábrica por quase um ano, até ser presa em 4 de abril de 1972.

O JUSTIÇAMENTO QUE NÃO HOUVE

Um dia, os companheiros me procuraram para uma tarefa muito importante, e sigilosa. O PCBR iria realizar uma ação de justiçamento. O militante José Moreira de Lemos Neto, Zeca, Magão, tinha saído do partido porque estava apaixonado por uma garota, queria casar e, para isso, teria que voltar à legalidade. Acontece que o Zeca era muito procurado, pois fazia parte do braço armado do PCBR e havia participado de ações armadas, estava com prisão preventiva decretada. Ele e sua família pediram ajuda a Dom Helder Câmara para intermediar a volta à vida legal sem que fosse preso e torturado. Dom Helder aceitou e designou pessoas para acompanhar o caso. O principal intermediador foi o padre da Igreja de São José, que era amigo pessoal do delegado Ordolito, lotado na Delegacia da Ordem Social em Recife. O padre chegou a hospedar o Magão na Igreja de São José e, depois, na Igreja de Casa Forte, para evitar que ele fosse preso enquanto prestava depoimento ao delegado Ordolito.

Os agentes da repressão aceitaram o acordo com uma condição: ele teria que falar tudo sobre o partido e entregar todos os militantes. O Zeca começou a participar de reuniões de delação com o delegado Ordolito. Incriminando muitos companheiros. Contou que foi Ramires quem o recrutou para o partido, que ele liderava as ações de propaganda. Falou das ações armadas de propaganda e das expropriações a bancos, mas sem contar que ele também havia participado. Falou que discordava das ações, que boicotava, que muitas ações ele não realizava. Como diz o ditado popular, tirou o corpo fora, colocando a responsabilidade só nos outros militantes. O IV Exército percebeu a jogada e ordenou que ele fosse encaminhado ao Dops – Departamento de Operações de Políticas Sociais, onde ele teve que se revelar.

A tarefa que recebi consistia em seguir o Magão, junto com um companheiro que viera do Rio de Janeiro, averiguar sua rotina, para executar a missão. O militante carioca me foi apresentado com o nome de Batista. Era um negro bonito, alto, musculoso, de porte militar, grandes olhos negros amendoados e um sorriso largo que exibia uma fileira de dentes brancos e perfeitos. Fingíamos ser um casal de namorados e seguíamos os passos do Zeca todas as noites. Ele saía da casa dos seus pais à rua Costa Azevedo, número 63, no bairro do Cordeiro, por volta das dezenove horas e trinta minutos e se dirigia ao bairro de Casa Amarela, onde morava a namorada. Ficávamos próximos à casa da garota, observando. Por volta das dez e trinta, no máximo onze horas, ele voltava para casa.

Observe-se como agiam os órgãos da repressão e seus agentes. O Zeca Magão era procuradíssimo, inclusive, por participação em ações armadas. Estava com prisão preventiva decretada. Mas como tornou-se um delator, gozava de privilégios, estava na casa dos pais, sem ser incomodado. Seguimos esta via-sacra por vários dias, fizemos um relatório minucioso e o Batista entregou à direção do partido.

Ocorre que, desse namoro de mentirinha, surgiu uma paquera de verdade. Enquanto fingíamos beijos e abraços, passamos a sentir uma atração física e fomos cedendo aos desejos daqueles momentos. Antes de nos envolvermos, falei para Batista que não podíamos deixar esse sentimento avançar, porque eu tinha um companheiro, o Ramires, que eu o amava muito e que se encontrava no Rio de Janeiro, não era justo. Mostrei que o nosso envolvimento era consequência da carência minha e dele, devido à clandestinidade, e da distância que separava os casais. Separação e distância são inimigas do amor. Confesso que foi difícil afastar o Batista. Só pelo muito amor por Ramires, pois além de ser um gatão, ele estava realmente a fim de mim.

Terminada a missão, Batista voltou para o Rio de Janeiro. Conversávamos muito. Ele era militar, sargento do exército. Fora expulso por se posicionar contra o golpe civil-militar de 1º de abril de 1964. Os militares que se opuseram ao golpe e que foram expurgados pelo exército, organizaram-se no Movimento Revolucionário Tiradentes que se esfacelou, e os participantes foram se integrando em outras organizações. Ele e outros companheiros escolheram o PCBR. Ao chegar ao Rio de Janeiro, Batista contou tudo para Ramires e afirmou que estava apaixonado por mim. Ramires ficou com ciúmes e me mandou uma carta rompendo comigo. Fiquei muito brava, porém feliz, pois ciúme é prova de amor. Tratei logo de responder à carta, explicando que não aconteceu nada entre eu e Batista: que, da minha parte, tinha sido, apenas, atração física, que logo se desfez. Mostrei que o grande amor da minha vida era ele. Anexei à carta um compacto da música *Apelo*, de Vinicius de Moraes e Baden Powell, na voz de Elizete Cardoso.

Ah! Se tu soubesses como é triste
Eu saber que tu partiste sem sequer dizer adeus
Ah! Meu amor tu voltarias e de novo cairias
A chorar nos braços meus

Não sei se o PCBR não realizou o justiçamento do Magão por bom senso ou por falta de condições, devido à onda de prisões e perdas de companheiros importantes, como Carlos Alberto Soares, o Comandante Vitor, o nosso general do braço armado do Nordeste, preso em Pirangi, Rio Grande do Norte. As prisões começaram com a derrubada do aparelho de Maria Farinha, onde foram presos Odijas Carvalho de Sousa, Neguinho e Lília da Silva Guedes, em 31 de janeiro de 1971. Após oito dias de prisão, no DOPS – Departamento de Operações Políticas e Sociais de Recife, Odijas morreu num hospital, vítima de hemorragia interna com todas as vísceras destruídas, pelas torturas. Logo em seguida, a direção do partido foi presa em Pirangi, Rio Grande do Norte, onde se realizava o encontro da direção, sendo presos os companheiros: Carlos Alberto Soares, Rosa Maria Barros, esposa de Carlos Alberto, Maria Yvone Loureiro, esposa de Odijas, Marcelo Mário de Melo, preso em Natal e Mário Miranda Albuquerque, preso em Maria Farinha. Não dava mais para realizar uma ação daquela natureza.

SAUDOSA NA RUA DA SAUDADE

Recife é uma cidade poética, até na denominação das ruas. Onde existe no mundo uma cidade com nomes de ruas assim: Rua do Sol, Rua da Aurora, Rua da Saudade, Rua da Moeda, Rua da Guia, Rua do Rosário, Rua das Graças, Rua da Amizade, Rua da Alegria, Rua da Glória, Rua dos Prazeres, além de outros nomes que não lembro mais.

Um belo dia, quando passava pela Avenida Conde da Boa Vista, no coração de Recife, uma das mais importantes vias da cidade, encontrei uma senhora cearense, dona de um pensionato para moças, em Fortaleza. Eu havia morado com ela, antes de ir para a Residência Universitária. Éramos muito amigas. Cheguei bem perto para ter a certeza e falei: – "Dona Neide!" – Ela se virou rapidamente e, com a surpresa, falou alto:

– "Socorro!" Eu disse: – "Cuidado, não pode falar meu nome assim, alto. Vão pensar que você está sendo assaltada, ou que está passando mal". Rimos muito e nos abraçamos.

Ela me contou que estava morando em Recife, que continuava com o pensionato, na Rua da Saudade, e me convidou para morar com ela novamente. Aceitei. A Rua da Saudade era bem no centro, facilitava o deslocamento para o trabalho, pois eu utilizaria apenas uma condução, além de favorecer à minha legalidade, pois tratava-se de uma família cearense que me conhecia. Não sei se por coincidência ou por destino, uma pessoa saudosa morar na Rua da Saudade. Só o Recife tem dessas coisas.

Após alguns meses, comecei a ficar preocupada e com muito medo. Pensava que se eu fosse presa, iria comprometer aquela família que nem sabia que eu estava envolvida nas lutas contra a ditadura civil-militar. Dona Neide tinha duas crianças pequenas. Eu sabia que os agentes da repressão costumavam usar as crianças para pressionar e chantagear os militantes de esquerda, com o objetivo de arrancar informações. Caso isto acontecesse, eu nunca me perdoaria. Seria uma traição com aquela família que me acolheu tão bem. Eu não podia trair a confiança daquelas pessoas que sempre me trataram com muita estima e consideração.

Enquanto morava com dona Neide, conheci a Lúcia, uma moça do interior de Pernambuco, ficamos muito amigas. Contei para ela que iria sair do pensionato, pois eu não poderia prejudicar aquela família, e que já havia alugado um local. Ela então resolveu ir comigo, a gente dividiria o aluguel. Seria duro falar para dona Neide, pois ela iria pensar que eu, além de sair, estava levando a Lúcia, prejudicando o pensionato. Mas eu não podia deixar acontecer o pior. Aluguei no bairro da Boa Vista o segundo andar de um sobrado antigo. Ficava à Rua Rosário da Boa Vista, 163, perto do centro. O imóvel pertencia a um casal de judeus que aparentava bastante idade. Eles moravam no piso térreo.

Afinal chegou o dia da mudança. Dona Neide ficou realmente muito brava, chamou a gente de ingratas, mas eu não podia explicar o motivo. É muito cruel magoar as pessoas que a gente ama, mas eu não tinha outra saída. Nunca mais vi a dona Neide. Não sei se ela tomou conhecimento do que aconteceu comigo e com a Lúcia. Não sei se ela ainda se encontrava em Recife quando aconteceu a tragédia. O pior é que nunca tive a chance de explicar. Voltei depois para Fortaleza, mas não consegui reencontrá-la. Como a gente perde as pessoas, no decorrer do tempo, no decorrer da vida! A vida une, a vida afasta.

Hoje sou eu quem canta assim:

Oh! Que saudade lá do meu Recife,
Daquela gente que deixei por lá...

ANTÔNIO MARIA

AS CARTAS

Encontrava-me ainda no pensionato de Dona Neide, à Rua da Saudade, quando um companheiro do partido me entregou uma carta de Ramires. Surpreendi-me, porque não se costumava estabelecer correspondência entre casais que viviam distantes, por problemas de segurança. Era uma carta em que ele terminava tudo comigo, alegando que o Batista estava apaixonado por mim. Escrevi uma resposta, procurei o pessoal do partido e exigi que eles dessem um jeito de ela chegar às mãos de Ramires. Foram colocadas mil dificuldades, alegando-se os riscos que eu, Ramires e o partido estavam correndo.

Mas eu falei firme e argumentei: "Vocês correram os mesmos riscos trazendo a carta dele para mim, e não questionaram, pois agora eu exijo que a minha carta chegue às mãos dele". Eles responderam que o partido não mantém correio entre os casais, que eles só trouxeram a correspondência para eu não ficar iludida, pensando que estava tudo bem, quando não existia mais nada por parte do cara. Falei que não iria perder o meu amor por causa de uma tarefa do partido. Vocês vão dar um jeito de fazer a minha versão chegar até ele. Se depois ele quiser manter a posição de terminar, aí o problema é dele, nós fizemos a nossa parte. Entreguei o pacotinho contendo a carta e o compacto e fui embora. Após um ano é que soube que tudo tinha sido entregue. Abaixo, a minha resposta:

> Querido Ramires,
> Ah! Meu amor não vás embora
> Vê a vida como chora
> Vê que triste esta canção
> Eu te suplico não te ausentes
> Toda dor que agora sentes
> Só se esquece com o perdão
>
> VINÍCIUS DE MORAES e BADEN POWELL
> *Apelo*

Saiba que fiquei muito decepcionada com a fraqueza do seu amor. Pensei que eu merecesse, pelo menos, a trégua do diálogo, a oportunidade de ser ouvida, de contar a minha verdade.

Não houve nada entre eu e Batista. Não nego que senti atração física por ele, sim, mas fui eu quem não deixou que acontecesse um relacionamento mais profundo. Estou lhe afirmando isto, mesmo sabendo que o Batista não mentiu, tenho certeza de que ele lhe contou a verdade, o que houve realmente. Você é que agiu de forma radical, embora eu saiba que o radicalismo é um traço da sua personalidade. Mas as coisas não se resolvem desse jeito. Você nem cogitou em saber dos meus sentimentos. Eu o amo muito para jogar fora, de repente, a nossa história, tudo que passamos juntos, por causa de um ciúme sem fundamento.

O Batista falou que estava apaixonado por mim, ele expôs o sentimento dele. Eu não estou apaixonada por ele. Eu nem vou mais encontrar o Batista. Apesar de militarmos no mesmo partido, atuamos em campos diferentes, o meu encontro com ele foi, apenas, em função de uma tarefa do partido. Aí você abre mão, termina tudo e deixa o campo livre. Se fosse o contrário, se você estivesse com outra mulher, eu lutaria com unhas e dentes, não desistiria assim tão facilmente.

O meu amor é para a vida inteira, eu nunca vou deixar de lhe amar. Quando essa porcaria de vida clandestina acabar, e se você estiver com outra mulher aí no Rio, eu não vou lhe dar sossego, vou ficar no seu pé, vou atazanar tanto a sua vida, que você não vai aguentar e voltará para mim. Sou dura na queda do amor, não sou compreensiva, não renuncio, não desisto nunca. Sou correnteza, sou rio, sou mar...

Quando eu choro
É uma enchente
Surpreendendo o verão
É o inverno
De repente
Inundando o sertão
Quando eu amo

CHICO BUARQUE

Querido, eu sei que você me ama, também sei que você sabe que eu o amo muito. Por isso, vamos fortalecer o nosso amor, mesmo à distância, vamos alimentar esse amor com a confiança, porque agora, se a gente entrar em crise, o partido não tem condições de promover um encontro como aquele em Maceió. Vai ser muito ruim a gente ficar sofrendo, criando dúvidas, ressentimentos, porque não podemos nos comunicar, para dar explicações um ao outro. Isso pode atrapalhar nossa prática política.

Reafirmo que não aceito o fim do nosso amor, porque ele, realmente, não terminou. Por isso, continuo me considerando sua companheira e você continua sendo o meu companheiro muito amado.

Estou enviando, juntamente com esta carta, um compacto com a música *Apelo* de Vinicius e Baden Powell, na voz de Elizete Cardoso. Essa música muito representa o momento que estamos atravessando.

Tenho esperança de que essa ditadura que sufoca as pessoas vai cair logo, essa vida na clandestinidade vai acabar e nós vamos reviver nos amando muito, nos beijando muito, nos abraçando muito, e vamos até dar risadas deste momento de incerteza.

Se tu soubesses como é triste
Eu saber que tu partiste
Sem sequer dizer adeus
Ah! Meu amor tu voltarias
E de novo cairias
A chorar nos braços meus.

VINÍCIUS DE MORAES e BADEN POWELL
Apelo

Sua mulher,
Socorro

NA FÁBRICA DA TORRE

Comecei a trabalhar no Cotonifício da Torre, na seção de controle de qualidade. Frequentava as reuniões da ACO – Ação Católica Operária e mantinha contato com Geraldo

Ferreira Santos, Gorki, único operário ligado ao PCBR. Quando o conheci ele não trabalhava mais nas fábricas. O partido me alertou sobre os cuidados que eu deveria ter ao entrar em contato, porque ele era queimado e, por isso, as firmas não o contratavam mais, porém nunca me explicaram o motivo. O Geraldo virou camelô, vendia frutas na rua. Morava com sua família no Morro do Vasco da Gama, periferia de Recife, numa situação de muita pobreza.

Através da banca de frutas do Geraldo, conheci uma fruta chamada caqui, incomum no Nordeste. Eu achava bonita aquela fruta dourada, parecia um tomate. Mas não sabia o que era. Um dia perguntei: "Que fruta é essa parecida com tomate?" Ele respondeu: "É caqui, coma uma para você ver como é gostosa". E me estendeu a mão contendo aquela fruta que atraía a gente pela cor. Comi a fruta e falei: além de bonita é deliciosa! Daí em diante, sempre que eu passava pela banca do Geraldo, eu comia caqui.

O trabalho político, entre os operários, exigia muito cuidado e paciência. Existia um medo epidêmico na categoria. O risco era muito grande. Risco de perder o emprego e a família passar por dificuldades, pois, ao contrário da propaganda enganosa da ditadura, havia desemprego. Quando um operário perdia o emprego, passava meses desempregado, até conseguir outro, e se o motivo que provocou a perda fosse envolvimento político, o trabalhador não conseguiria mais se encaixar. Foi o caso do Geraldo. Eles também tinham consciência de que poderiam ser presos e perder a vida.

Eu distribuía os jornaizinhos do partido, apenas, para aqueles de extrema confiança. Em 1971, a ditadura civil-militar efetuou mudanças nas leis trabalhistas. Foi modificado o Fundo de Garantia por Tempo de Serviço – FGTS e se promulgou o famigerado Plano de Integração Social – PIS e o

Plano de Assistência ao Servidor Público – PASEP. A maioria dos trabalhadores, hoje, desconhece o sistema anterior à existência do FGTS. Naquele tempo, quando um trabalhador era demitido, além do aviso prévio, ele tinha direito a uma indenização no valor do salário registrado na carteira de trabalho correspondente a cada ano trabalhado. Quando o trabalhador era antigo na firma recebia um bom dinheiro de indenização. Ocorre que os patrões não pagavam as indenizações, os trabalhadores entravam com os processos na justiça do trabalho e, muitas vezes, eles passavam anos percorrendo as instâncias, ou eram engavetados sem julgamento. O trabalhador ficava sem receber um benefício que era seu por direito.

O objetivo do FGTS seria agilizar o recebimento do benefício pelos trabalhadores quando eles fossem demitidos e evitar, assim, tantos processos trabalhistas. Os patrões depositariam 8% ao mês sobre o valor do salário do empregado, em uma conta vinculada, de forma que, ao ocorrer a demissão, o dinheiro estaria depositado e o trabalhador teria, apenas, que retirar o benefício. Houve uma grande propaganda, por parte do governo militar, que queria conquistar a confiança dos trabalhadores, afirmando que o novo sistema iria acabar com as demandas na Justiça do Trabalho e todos iriam receber os seus direitos, sem problemas. Será que eles contavam com o fato de que muitos patrões não depositariam o Fundo de Garantia?

A grande jogada de efeito propagandístico foi o PIS, que era apresentado como participação nos lucros das empresas, uma coisa nunca vista no país. Como de esmola grande o cego desconfia, para citar a sabedoria do provérbio popular, a ideia do PIS não emplacou junto aos trabalhadores, pois ninguém acredita que o patrão vai dividir seus lucros.

Diante da propaganda enganosa do governo militar, eu escrevi um panfleto, esclarecendo os trabalhadores que o FGTS iria, de fato, facilitar o recebimento dos direitos por ocasião das demissões, e que reduziria os processos trabalhistas, mas o PIS não significava nada, que o trabalhador, no sistema capitalista, nunca iria participar dos lucros das empresas, que tudo não passava de um engodo. Expliquei que o objetivo dos dois programas seria criar um fundo interno para o governo investir no processo de industrialização e competir com o grande capital. Mostrei que a política de desenvolvimento industrial do governo militar era fundamentada no famoso tripé de financiamento que consistia no capital das empresas privadas nacionais, no capital estrangeiro e nos investimentos do Estado. Os dois programas criariam um fundo para o Estado investir, formando as empresas estatais e, assim, competir com as empresas privadas.

Apresentei o panfleto para o partido, que aprovou e imprimiu. Distribuí de mão em mão, pois não dava mais para panfletar em massa. O fundo gerado pelo FGTS formou o BNH – Banco Nacional da Habitação que financiava a casa própria. O BNH foi desativado com o advento da redemocratização. Na época das privatizações, no governo de Fernando Henrique Cardoso, o BNH foi incorporado à Caixa Econômica Federal. O PIS-PASEP existe até hoje e, realmente, nunca representou nada para o trabalhador, em termos de ganho salarial. Continua sendo um fundo para o governo manobrar. Como acréscimo de renda, ninguém nem se lembra de que ele existe.

Assim, de uma maneira muito discreta, eu ia desenvolvendo um trabalho de conscientização com os operários com quem tinha contato. Continuo apostando nesse tipo de trabalho. É lento, mas funciona.

O REENCONTRO

E cheios de ternura e graça
Foram para a praça e começaram a se abraçar
E ali dançaram tanta dança
Que a vizinhança toda despertou
E foi tanta felicidade
Que toda cidade se iluminou
E foram tantos beijos loucos

VINICIUS DE MORAES e CHICO BUARQUE

Recordo-me do meu reencontro com Ramires, na bela cidade de Recife, que representou os dias mais felizes da minha vida. O que me deixa mais orgulhosa é saber que fui eu quem organizou tudo e deu certo. Não aguentava mais viver um amor à distância. Com o passar do tempo, a minha situação tornou-se relativamente segura. Trabalhava registrada, numa fábrica, há quase um ano, tinha endereço fixo, morava com uma colega que não participava de organizações políticas, era de massa, para usar o jargão da esquerda. Tinha todos os documentos como Laura Maria Mendes, os militantes do partido não sabiam o meu nome, nem meu endereço. Só sabiam que eu trabalhava numa fábrica ignorada.

No início de 1972 tomei a decisão de promover um encontro com Ramires, em Recife. Tinha plena consciência dos obstáculos que iria encontrar em relação ao partido. Iriam alegar problemas de segurança, o risco que estávamos correndo, com a possibilidade de o partido perder dois militantes, eu e Ramires. Argumentei que já fazia quatro anos que Ramires saíra de Recife, os agentes da repressão não o estariam mais procurando aqui, e que eu tinha lugar seguro para ele ficar. Mostrei que poderia ser no carnaval, quando os agentes da repressão não estão atrás de comunista, mas voltados para os bêbados, os briguentos, os arruaceiros, sem contar que milico também brinca carnaval. Os meus argumentos foram convincentes e a direção concordou.

O carnaval de 1972 caiu na segunda quinzena do mês de fevereiro. Avisei ao Romildo, irmão de Ramires, para que ele organizasse um encontro com os seus pais, pois ele não os via há bastante tempo, e eu sei o quanto a gente sente saudade da família. Marquei o ponto na Praça da Preguiça, em Olinda. A praça tinha esse nome porque era uma espécie de mini-zoológico. Tinha macaquinhos e viveiros de pássaros. Havia umas árvores imensas, onde os bichos-preguiça ficavam esparramados em seus caules, daí o nome. Era uma praça diferente e linda. No dia e horário marcado, lá estava eu, ansiosa, olhando para todos os lados, na perspectiva do reencontro.

Quando avistei Ramires entrando na praça, saí correndo ao seu encontro, nem olhei se havia olheiro por perto. Nos abraçamos forte e nos beijamos demoradamente.

Ele me alertou: – "Mulher, vamos embora daqui, que este lugar é queimado". Eu respondi: – "Se nos matarem, será uma morte gloriosa, um casal apaixonado se beijando numa linda praça, isto nunca existiu na história da esquerda". Rimos muito e saímos caminhando pela praça. Fomos para casa e evitávamos sair, para não chamar a atenção. Eu morava na Rua Rosário da Boa Vista, 163, perto do centro. Discutíamos a política do partido, quando eu lhe mostrei o panfleto que havia escrito sobre os programas do Fundo de Garantia e do PIS. Ele gostou e achou que eu tinha crescido muito.

Houve um momento em que ele me contou que tinha tido um envolvimento com uma menina de massa, mas que tinha sido um namorico sem importância. Foi quando eu falei que não ficasse preso a uma fidelidade à distância e acrescentei: – "Você caiu na clandestinidade muito novo, tinha pouca experiência, quase não desfrutou dos prazeres da vida. Vidas como as nossas estão fadadas a não terem um final feliz. Os motivos, nós sabemos muito bem: prisão ou morte. Portanto, viva. Não desperdice a oportunidade de viver".

Nunca me esqueci do jeito como ele me olhou. Acho que não esperava essa reação. Esperava uma cena de ciúmes e eu lhe devolvia a liberdade. Ele falou: – "Mulher, você está muito determinada. Tem plena consciência do que está fazendo? Você está me liberando para fazer o que quiser?" Respondi:

– "Sou apenas realista. Essa é a nossa realidade, o destino de quem está nessa luta. Eu o amava muito para mantê-lo preso. Nós lutamos por liberdade, não por prisão, seja ela qual for. O amor possessivo cria correntes e grades. Quero um amor consciente. A fidelidade deve ser uma opção, uma escolha, e não uma obrigação, algo imposto". "Pois acorrentado ninguém pode amar" (Edu Lobo).

Continuamos a aproveitar os poucos dias que nos restavam, pois em breve ele partiria para o Rio de Janeiro e eu não saberia se um dia a gente se encontraria novamente.

COM OS PAIS

Tive a oportunidade de sentir e vivenciar o quanto se é feliz quando se proporciona felicidade aos outros. Confirmei esse sentimento quando vi Ramires frente a frente com os seus pais, Sr. Francisco Valle e a Dona Doninha, além de seu irmão Romildo e Sônia, sua namorada. Tantos abraços, tantas alegrias, só felicidade estampada nos rostos. Eu me sentia mais feliz em saber que fui a responsável por aquele momento tão gratificante. Esse foi o primeiro encontro, logo após sua chegada. O segundo foi no Restaurante Cancela, na Cidade do Cabo, no Grande Recife, na quarta-feira de cinzas. O local foi escolhido por Romildo, que teve o cuidado de tomar todas as precauções, em relação à segurança. Almoçamos num clima de alegria, bebemos muita cerveja, conversamos muito. Foram momentos maravilhosos, mas afinal, aquele dia era também o dia do adeus. Dona Doninha demonstrava alegria e tristeza, pois não sabia se teria outra oportunidade de encontrar novamente o filho.

A vida na clandestinidade é feita de incertezas. Não há adeus mais triste do que aquele em que não há perspectiva de volta. Eu não sabia se um dia teríamos o prazer de reviver um reencontro como aquele. Os dias que passamos juntos, amamos tanto como se fôssemos morrer. Ramires iria viajar na parte da tarde. Por motivo de segurança, não iria pegar o ônibus na rodoviária, mas na estrada. Fomos eu, Sônia e Romildo esperar o ônibus que o levaria ao Rio de Janeiro. Foi a última vez que vi o seu sorriso e os seus grandes olhos inquietos.

> Não, não me diga adeus
> Pense nos sofrimentos meus.
>
> LUIZ SOBERANO, PAQUITO e JOÃO CORREA DA SILVA VITALE
> *Não Me Diga Adeus*

4. Prisões e Mortes

Estava linda Inês posta em sossego

CAMÕES,
Episódio de Inês de Castro

O ACIDENTE

Ainda pairam muitos mistérios a respeito do acidente ocorrido na estrada de Caruaru, entre os distritos de Cachoeirinha e São Caetano, que vitimou o casal de militantes do PCBR, Miriam Lopes Verbena e Luís Alberto Andrade de Sá e Benevides, o Bebeto, o nosso querido Careca, tirando-os do nosso convívio para sempre, naquele fatídico dia 8 de março de 1972. Tomei conhecimento do fato pelo Comprido, que avisou a mim e a Pedro Eugênio de Toledo. Falou que, até aquele momento, os agentes da repressão não tinham identificado o Careca, mas era para a gente ficar alerta, porque ele era muito procurado. Perguntamos se tinha sido acidente mesmo, e o que eles iriam fazer em Caruaru. O Comprido respondeu que não sabia direito, acrescentando que o Careca estava a fim de se legalizar e, talvez, estivesse providenciando documentação. Disse que Miriam havia tirado a carteira de motorista há pouco tempo, não tinha experiência, e aquela estrada era muito perigosa. Eu sabia que o Careca havia casado com Miriam e que queria levar uma vida semilegal. Ele achava que a minha situação era segura, trabalhando com outra identidade.

Como a situação estava aparentemente calma, o Comprido viajou para encontrar sua mulher, Sandra, pois o seu filhinho iria nascer por aqueles dias. Eu pensava que ele iria para Salvador. Somente muitos anos depois é que soube que Sandra morava em Maceió. Comprido deixou um ponto marcado comigo, para o dia de sua volta, com três repetições. Era costume se marcar pontos com repetição, quando o militante viajava, pois sempre era possível algum imprevisto. Nas repetições, tomava-se todo cuidado, a pessoa não entrava direto no ponto, observava de longe. Caso o companheiro não aparecesse era para entender que havia sido preso e tomar todas as providências.

Segundo consta, os agentes da repressão, logo no início, não identificaram o Bebeto, que usava documentos como José Carlos Rodrigues, mas o comportamento da família de Miriam levantou suspeitas. Testemunhas afirmam que a polícia rodoviária se ofereceu para conduzir os corpos a Recife, mas Aluízio, cunhado de Miriam, único familiar presente, não aceitou e fez o enterro às pressas, em Caruaru. A morte, como o nascimento, exige todo um cerimonial a ser cumprido pelos familiares. Uma família cristã, de classe média, não enterra os seus assim, sem choro nem reza.

No dia 9 de março, pela manhã, Romildo Maranhão do Valle e Pedro Eugênio de Toledo, amigos de Miriam, visitaram Ardozinda, sua irmã, e estava tudo calmo, sem nenhum clima de suspeita. Como havia uma orientação para tomar muito cuidado, Romildo não dormiu na casa dos seus pais naquela noite. Os agentes da repressão a invadiram. Romildo não voltou para casa e foi para Fortaleza, onde residiam alguns familiares. Na parte da tarde prenderam Ardozinda Monteiro da Costa, irmã de Miriam, em sua própria casa. A prisão gerou um certo escândalo, chegando a ser matéria de jornal, mesmo com a imprensa silenciada, pois em 1972, em pleno governo do ditador Médici, a imprensa não mais noticiava acontecimentos políticos relativos aos grupos de oposição ao regime militar.

Ardozinda não exercia nenhuma atividade política. Era uma conceituada professora, conhecida nos meios intelectuais pela sua atuação junto ao Movimento de Cultura Popular, sob o método Paulo Freyre, nas gestões de Miguel Arraes como prefeito do Recife e governador de Pernambuco. O seu marido, Aluizio, fora militante do Partido Comunista Brasileiro, com destacada atuação no movimento estudantil antes do golpe de 1964.

No dia 10 de março, a Secretaria da Segurança Pública de Pernambuco expede o Pedido de Busca n. 12-DSS/72, determinando a localização e a prisão do proprietário do veículo Volkswagen, placa CB-3501-Recife, Ezequias Bezerra da Rocha. Ele havia emprestado o carro à sua amiga Mirian, que o dirigia. Tomou conhecimento do acidente no dia 8 à noite e, no dia seguinte viajou para Caruaru com o objetivo de reaver o que restava do veículo.

Ezequias era antigo militante do PCB, integrante da base estudantil do centenário Ginásio Pernambucano, na época CEP – Colégio Estadual de Pernambuco, desde antes de 1964. Estudando geologia, participou do movimento estudantil na onda de 1968. Depois de formado compunha a rede de apoio do PCBR. Dias antes da sua morte visitou antigos companheiros que cumpriam pena como presos políticos na Casa de Detenção do Recife.

Segundo documento publicado na internet, pela Comissão de Pesquisa e Levantamento de Mortos e Desaparecidos Políticos e pela Comissão Estadual da Verdade Dom Helder Câmara, Ezequias Bezerra da Rocha foi preso no dia 11 de março de 1972, por volta de uma hora da manhã, quando voltava para sua residência, em Casa Amarela, acompanhado de sua esposa, Guilhermina Bezerra, sendo recebido por homens armados de metralhadoras, ao chegar em casa. Foi conduzido ao Doi-Codi, juntamente com a esposa. Ficaram em celas vizinhas e Guilhermina ouvia os gritos de Ezequias, enquanto sofria torturas.

Ezequias foi morto em 12 de março de 1972. Nem ele nem Guilhermina eram militantes do PCBR, seu crime foi emprestar o carro a Miriam Verbena. Três dias depois, um corpo foi encontrado na barragem de Bambu, Engenho Massauassu, cidade de Escada, cuja identidade era desconhecida, com muitas marcas de agressões e torturas. Em documento assinado pelo delegado à época, Bartolomeu Ferreira de Melo, "o cadáver tinha mãos e pés amarrados de corda, envolto em uma rede também de corda, com uma pedra de trinta quilos atada ao corpo". A família jamais fez o reconhecimento, pois os agentes alegaram que o corpo teria sido reconhecido por outra família. Os restos mortais de Ezequias nunca foram encontrados.

A FARSA

O Relatório da Aeronáutica, por sua vez, criou uma farsa para ocultar o crime. Segundo o referido relatório:

Foi preso pelo DOI/IVº Ex., no dia 11 de março de 1972, tendo sido encontrado farto material subversivo. No mesmo dia, foi conduzido para a região da Cidade Universitária (BR 232) a fim de cobrir um ponto, tendo sido nesta ocasião, resgatado por seus Companheiros de subversão, os quais o conduziram num vw 1300 cor branca placa não identificada, apesar de todas tentativas dos agentes de segurança no sentido de detê-lo, o que ocasionou forte tiroteio de ambos os lados; entretanto, não há dados que comprovem que o mesmo encontre-se morto ou desaparecido[1].

As prisões não pararam por aí. No dia 13 de março, um dia antes de aparecer o cadáver não identificado de Ezequias, foi preso Aloysio Gonçalves da Costa, cunhado de Miriam Lopes Verbena, marido de Ardozinda.

Em pesquisa na internet encontrei o texto de um jornal do grupo Tortura Nunca Mais do Rio de Janeiro, que presta uma homenagem a Reynaldo Andrade de Sá e Benevides, irmão mais velho de Bebeto, por ocasião de sua morte, em 27 de julho de 2008, aos 73 anos. Aí tomei conhecimento de que Reynaldo estivera em Caruaru, com o objetivo de realizar o reconhecimento e recuperar o corpo para ser sepultado no Rio de Janeiro, o que não foi possível, pois o casal já teria sido sepultado em cerimônia noturna no cemitério da cidade. Observe-se a transcrição:

Reynaldo, também como irmão mais velho e advogado, foi tentar o reconhecimento e tentar recuperar o corpo para ser sepultado no Rio, entretanto isto não foi possível, pois ele já fora enterrado em cerimônia noturna no cemitério de Caruaru, junto com sua mulher, Miriam Lopes Verbena.

O cunhado dela, Aloysio Monteiro, o único familiar presente, foi preso, como também sua mulher Ardozinda, e continuaram incomunicáveis quando Reynaldo esteve em Pernambuco.

1. Miranda, 1999, p. 587; in tese p. 189.

Ele voltou com o atestado de óbito, alguns objetos pessoais de Bebeto e a convicção de que a história do acidente estava mal contada. "Mais tarde, quando tentamos transladar os corpos para o Rio, descobrimos que haviam sido jogados na vala comum e até os livros de registro do cemitério tinham desaparecido"– afirmou[2].

Abaixo texto constante do livro *Luta, Substantivo Feminino*, da série "Direito à Memória e à Verdade", publicado pela Secretaria Especial de Política para as Mulheres, Secretaria Especial de Direitos Humanos, em 1ª edição, 2010. O livro contém depoimentos e relatórios das mulheres torturadas, desaparecidas e mortas na resistência à ditadura. Encontra-se nas páginas 61 a 64 o relatório do acidente que matou Miriam Verbena e Luís Alberto Andrade de Sá e Benevides, postado pela Comissão de Familiares de Mortos e Desaparecidos Políticos, que investigou os fatos.

Miriam Lopes Verbena (1946-1972)

Miriam era casada com Luís Alberto Andrade de Sá e Benevides, dirigente nacional do PCBR. Depois das inúmeras prisões que atingiram a organização no Rio de Janeiro a partir de 1970, vários de seus integrantes foram deslocados para atuar no Nordeste, entre eles Luís Alberto. Miriam, também militante do partido, era professora e, quando morreu, estava grávida de oito meses.

As circunstâncias das mortes dos dois ainda seguem recobertas de mistérios e dúvidas: acidente rodoviário ou assassinato? A versão oficial é de que faleceram em decorrência de um acidente de carro, conforme informações encontradas nos arquivos do Dops-pe. No entanto, um documento da Comissão

2. Jornal do GTNM.RJ

de Familiares de Mortos e Desaparecidos Políticos, elaborado por Iara Xavier Pereira, após minuciosa pesquisa, revela que o acidente foi causado pela perseguição ao casal de militantes.

Eis o resumo do texto:

Em 24.02.1972, Luís Benevides esteve em Cachoeirinha (PE) para obter um certificado de alistamento militar com documentação falsa em nome de "José Carlos Rodrigues". Os depoimentos da responsável da Junta do Serviço Militar, Jaidenize, mudaram a cada vez que foram prestados. Na última vez, em 04.03.1998, fez questão de afirmar que Luís Benevides não estivera com ela no dia 8.3.1972, na junta militar, em Cachoeirinha. Neste dia, o carro do casal saiu da pista e capotou do lado direito da rodovia, no sentido Cachoeirinha – São Caetano. A razão da viagem era dar continuidade ao processo de obtenção do Certificado de Alistamento Militar para Luís Benevides. Pelo sentido de direção, eles já haviam passado por Cachoeirinha. Não se pode deixar de considerar a hipótese, portanto, de a repressão ter sido avisada do provável retorno de Luís Benevides à junta militar, após ter dado entrada no pedido no dia 24.02.1972. Ou seja, desconfiada de alguma coisa, Jaidenize pode ter informado ao Coronel Geraldo Isaías de Macedo, de Belo Jardim, sobre o pedido de Luís Benevides e o seu retorno marcado para 8 de março do mesmo ano. Nessa hipótese, Luís Benevides e Miriam Verbena, ao chegarem a Cachoeirinha, podem ter sido perseguidos na BR 234 (hoje BR 423), o que pode ter gerado o acidente, premeditadamente ou não. A versão apresentada no inquérito policial por Ernesto Máximo não condiz com os fatos. Ele diz que viu um carro acidentado com pessoas feridas e não parou para prestar socorro, tendo avisado ao posto e à delegacia. Naquela época, não era costume, em um local como aquele, as pessoas não pararem para prestar socorro. Não se sabe quem socorreu e transportou Luís Benevides e Miriam Verbena para o hospital. O depoente e o delegado dizem que foram os patrulheiros, mas não informaram os nomes deles. O patrulheiro que saiu do posto para o local do acidente só encontrou o carro. Os feridos já tinham sido retirados.

O relatório registra outros depoimentos que levantam aspectos intrigantes, como a forte presença de policiais no hospital para onde os corpos foram removidos e, principalmente, a informação de que a morte de Luís Alberto e Miriam ocorreu no bojo de uma sequência de prisões de militantes do PCBR em Pernambuco.

Os corpos do casal foram enterrados no cemitério Dom Bosco, em Caruaru, com os nomes falsos de José Carlos Rodrigues e Miriam Lopes Rodrigues, nas covas de números 1538 e 1539, respectivamente. Outro aspecto bastante misterioso está ligado à denúncia apresentada em 1991, pelo deputado estadual Jorge Gomes, na Assembleia Legislativa de Pernambuco, de que, dois anos após o enterro, as ossadas haviam sido recolhidas da sepultura, encontrando-se desaparecidas desde então.

AS CONTROVÉRSIAS

Quando o Fernando Augusto Fonseca, o Comprido, noticiou muito triste a morte de Miriam Verbena e Luís Alberto de Sá e Benevides, o Bebeto, referiu-se a um acidente.

No dia 9 de março, pela manhã, Romildo Maranhão do Valle e Pedro Eugênio de Toledo, militantes do movimento estudantil, amigos de Miriam, foram à casa de Ardozinda, irmã de Miriam e ela confirmou isto. Mas muitas perguntas ainda pairam no ar.

Se os agentes da repressão já haviam identificado o Bebeto, a ponto de realizarem uma perseguição que culminou na morte do casal, para eles não seria mais vantajoso prendê-los para obter informações e daí pegar os outros militantes, como era a prática da repressão naquela época? Com a morte, eles perderiam as referências.

Se eles já sabiam do Bebeto, não seria mais importante segui-
-lo em Recife e prender outros militantes nos pontos? Para os
agentes da repressão, o Bebeto valeria mais vivo do que morto.
Conclui-se que os agentes da repressão só identificaram o
Luís Alberto de Andrade de Sá e Benevides após a sua morte.
Como não tinham pista para prender os militantes do PCBR,
ficaram atirando no escuro, prendendo pessoas sem ligação
com o partido, para ver se, através deles, chegariam a algum
militante. Já haviam matado um inocente e ocultado o corpo,
o Ezequias, sem obter informações, porque essas pessoas realmente não tinham participação política.

O relatório da Comissão dos Familiares dos Mortos e
Desaparecidos Políticos afirma: "[...] a morte de Luís Alberto e Miriam ocorreu no bojo de uma sequência de prisões de militantes do PCBR em Pernambuco"[3]. Mas não
havia bojo de prisões de militantes do PCBR. As prisões
aconteceram bem depois, em consequência da morte de
Miriam e Luís Alberto. Até o dia 28 de março, os agentes
da repressão não haviam atingido nenhum militante do
partido. As prisões só começaram a partir de 29 de março,
porque Romildo Maranhão do Valle voltou de Fortaleza e
resolveu se entregar. Começou pelos militantes do movimento estudantil. A partir daí ocorreu um verdadeiro efeito dominó, os castelos de cartas caindo um após o outro. A
avalanche me pegou no dia 4 de abril de 1972.

As últimas prisões de militantes do PCBR teriam ocorrido no final de janeiro de 1971, com a queda do aparelho de
Maria Farinha, no começo de fevereiro do mesmo ano, em

---

3. Ver Tatiana Merlino e Igor Ojeda (orgs.), *Luta, Substantivo Feminino*,
São Paulo, Caros Amigos, 2010, p. 63.

Pirangi, Rio Grande do Norte, e na Lagoa do Bonfim, cidade de Nísia Floresta, área metropolitana de Natal, no mês de março. Já se passava mais de um ano. Portanto, não havia mais consequências ligadas àquelas prisões.

A PRISÃO

Eu estava trabalhando normalmente no Cotonifício da Torre, na seção de Controle de Qualidade, quando, de repente, vieram me avisar para eu me dirigir à portaria e atender um telefonema. Senti um frio na barriga, um soco no estômago, algo me queimou por dentro, o coração bateu forte. Ninguém poderia me telefonar, pois ninguém sabia que eu trabalhava ali. As pessoas sabiam que eu trabalhava numa fábrica, mas não sabiam qual. Somente Lúcia, a moça que morava comigo, sabia que eu trabalhava na Torre, mas ela não tinha motivo para me ligar no trabalho. Procurei manter a calma e perguntei: "Por que na portaria? Por que não passaram a ligação para a seção?" Dentro de mim, algo me dizia que coisa boa não era. Para chegar à portaria, teria que atravessar um pátio enorme. Ao pegar o telefone, ninguém falou. Eu repetia: "Alô! Alô! Quem está ligando?" E nada. Falei para o porteiro: "Não tem ninguém". Ele respondeu: "Vai ver que caiu a linha, demorou muito".

Voltei à seção com a certeza de que eram os agentes da repressão. Pensei que eles não me prenderiam na saída, porque criaria um fato político comprometedor, pois todo um turno da fábrica sairia naquele horário, duas horas da tarde. Fiquei imaginando que eles iriam me seguir e me prender por aí. Tenho que despistá-los. Porém eu não tinha dinheiro. Pedi emprestado aos colegas. Minha intenção seria pegar um táxi e dar muitas voltas, mas ninguém tinha dinheiro.

Durante o percurso, pensei em não ir para casa, procurar alguns apoios. No centro da cidade havia o Paulo, que trabalhava na Casa Publicadora Brasileira. Os militantes do PCBR não o conheciam quem me apresentou a ele foi o Cleodon. Mas tive medo de estar levando a polícia para um pai de família, caso os agentes estivessem me seguindo. E fui com os meus próprios pés, me entregar em casa, feito uma patinha. Cheguei ao larguinho, olhei bem, não havia ninguém, nem carros parados, tudo calmo. Em frente ao nosso sobradinho havia um barzinho, uma espelunca frequentada por tomadores de cachaça, sem ninguém. Subi as escadas. Ao chegar em frente à porta, vi que ela tinha sido arrombada e que fora arrumada com cuidado para disfarçar, sendo visíveis os sinais de arrombamento. Fui voltando, descendo as escadas bem devagarzinho, quando os agentes saíram de dentro de casa, apontando as armas na minha direção, dizendo: "Pare aí, sua puta!"

Eu parei, olhei para eles, eram uns caras feios, malvestidos, com jeito de marginais. Naquele momento, não sei por que, pensei que eram ladrões que, entrando na casa para roubar, como não encontraram nada, queriam me pegar. Num impulso, desci as escadas correndo e gritando: "Sr. Abraham, Sr. Abraham!" O senhor Abraham era o proprietário do imóvel, morava no andar de baixo com sua mulher, um casal de judeus bem idosos. Quando cheguei em frente à porta do Senhor Abraham, vi que outros agentes vindos da rua, também armados, juntaram-se ao grupo. Percebi a exatidão dos meus pressentimentos. Eu acabava de ser presa. Era o irremediável.

Saíram me empurrando até a calçada. Olhei a rua, o barzinho, para ver se havia gente ali que não fossem os agentes da repressão, para fazer um discurso, falar que eu era uma trabalhadora e estava sendo presa pela ditadura. Essa atitude era uma orientação do partido. O militante, ao ser preso, deveria falar algumas palavras de ordem e mostrar que estava sendo preso. Olhei em volta, mas quem se encontrava ali eram os agentes. Foi então que vi um moço bem mais jovem, vestido como estudante, calça jeans muito azul, camiseta vermelha, uma mochila nas costas, alto, magro, pele branca, cabelos pretos cortados rentes, com um topete à la Elvis Presley. Pensei em gritar pelo menos, "Abaixo a Ditadura". Quando me preparava para o ato "heroico", o pseudoestudante saiu da porta do boteco onde se encontrava, caminhou em minha direção e foi ele quem colocou o capuz na minha cabeça e me empurrou para dentro do carro. Era um deles.

Enquanto me encontrava no Doi-Codi, vi aquele cara várias vezes, era um dos torturadores, nós o chamávamos de Paulista, devido ao sotaque. Somente muitos anos depois, já na democracia é que o identifiquei. Tratava-se de Cabo Anselmo, ex-marinheiro, preso em 1964 pela sua participação de liderança no movimento dos marinheiros. Quando saiu da prisão, entrou numa organização armada de resistência à ditadura, a VPR – Vanguarda Popular Revolucionária. Anselmo esteve em Cuba, no Chile, voltando ao Brasil em 1970, sendo preso pelo delegado Sérgio Paranhos Fleury, do Dops paulista, um dos mais cruéis torturadores de presos políticos. Anselmo passou para o lado da repressão, virou "cachorro" (no jargão dos agentes do Estado, "cachorro" era o militante que virava informante).

O "cachorro" Anselmo foi responsável por muitas prisões e mortes de militantes de esquerda, inclusive da própria mulher, Soledad Barret Viedma, que estava grávida de um filho seu. Soledad foi assassinada pelo delegado Fleury juntamente com outros companheiros, em janeiro de 1973, em Recife, no episódio conhecido como Massacre da Chácara São Bento. Abro um parêntese para explicar que, ao chamar o Anselmo de cachorro, estamos ofendendo os cachorros, pois cachorro é um animal fiel, é tudo de bom, enquanto Anselmo é um torturador cruel.

Somente anos depois é que fui entender a razão daquele telefonema para mim, na fábrica da Torre. Naquele dia, Helena Mota Quintela, a Guerrilheira, foi presa e entregou o meu endereço. Lúcia chegava do trabalho antes de mim. Ao entrar em casa foi presa e obrigada a ir à fábrica para me identificar. Helena não sabia onde eu trabalhava, mas a Lúcia sabia. Ocorre que, tanto a Helena, como a Lúcia conheciam-me como Socorro. Quando a Lúcia chega à fábrica e identifica a minha foto, não correspondia ao nome da funcionária que era Laura Maria Mendes, daí por que eles usaram o artifício do telefonema na portaria, para eu atravessar o pátio e ser identificada.

TORTURAS

Eram mais ou menos três horas da tarde, quando os agentes da repressão empurraram-me naquele carro e me conduziram ao DOI-CODI de Recife. Deram antes muitas voltas. Concluí que o local era ali perto, as voltas tinham o objetivo de me confundir. Quando o carro entrou no prédio, percebi que se tratava do IV Exército Brasileiro que, realmente, ficava muito próximo ao meu local de moradia.

Eu estava com um capuz na cabeça e as mãos algemadas para trás. De repente, vários agentes, começaram a gritar, xingar, falar palavrões. Chamavam-me de puta arrancaram toda minha roupa, jogaram-me no chão molhado e começaram a me chutar. Um dos agentes amarrava uns fios nos dedos dos meus pés, nos bicos dos seios, na vagina e nos lóbulos das orelhas. Eu ainda estava procurando entender o que era aquilo, quando estrebuchei no chão. Fui arrebatada por uma coisa monstruosa, aterrorizante. Eram os malditos choques elétricos. Não dá para descrever a sensação, a dor, o sofrimento que os choques provocam numa pessoa. Se existe inferno, a gente vai até lá e volta. Acho que não irei mais para o inferno, pois já passei por ele aqui mesmo. Já vi Satanás, Caifás e outros capetas.

Enquanto me batiam e davam choques, descobri que eu era chefe do movimento operário. Foi assim que me abriram. Nem existia movimento operário naquela época. A classe operária encontrava-se oprimida, ganhava uma miséria, vítima do maior arrocho salarial da história. Totalmente silenciada, amordaçada, com medo de perder o emprego, pois se alguém fosse mandado embora, seria difícil se encaixar novamente, pois o índice de desemprego era muito alto. Quando a gente ia procurar emprego, chegava-se muito cedo às portas das fábricas, a fila já estava enorme. Homens e mulheres na esperança de conseguir alguma colocação. Passavam-se horas, até aparecer um encarregado, olhar por cima os candidatos, o braço erguido, com a carteira profissional na mão, e apontar com o dedo: "Venha você". Escolhia umas três ou quatro pessoas e o restante voltava desesperançado para se fazer presente numa outra fábrica, no dia seguinte.

Percebi que a imagem atribuída a mim pelos agentes era muito forte. Eles me atribuíam uma importância no partido que eu não tinha. Pensei logo que o primeiro passo seria desfazer essa imagem. Como? Procurar convencer os agentes de que eu era apenas uma mulher apaixonada e estava no partido por causa de Ramires. Tracei uma estratégia e pedi para escrever de próprio punho um relatório da minha vida. Eles permitiram e assim eu ganhava tempo. Fiz uma introdução romanceada, expliquei que me encontrava em Recife, alimentando a esperança de que, um dia, Ramires viesse me buscar. Trabalhava na fábrica porque foi o emprego que consegui, pois tinha que me sustentar.

Ocorre, que na casa onde eu morava, havia um vasto material impresso. Panfletos da FO – Frente Operária, Panfletos do PCBR de crítica à FO, uns panfletos que eu mesma havia redigido, esclarecendo aos operários sobre o Fundo de Garantia e o PIS – Programa de Integração Social. Havia material do partido, como a Linha Política e outros impressos. Encontravam-se ali impressos antigos que não tinham mais importância, que eu estava destruindo, compondo um monte de papéis rasgados no chão, que seriam queimados. Eu teria que inventar argumentos convincentes para justificar tudo aquilo.

Os torturadores me batiam, aplicavam choques para eu dizer quem tinha me dado os explosivos. Na realidade, não eram explosivos propriamente ditos. Tratava-se de umas quatro caixinhas pretas, medindo uns trinta centímetros, mais ou menos, com uns fios e três botões de cores diferentes: verde, amarelo e vermelho. Uma sacola com um rolo de fios e a coronha de uma arma. Esse material me foi entregue pelo Comprido, para guardar. Eu não sabia mesmo o que eram aquelas caixinhas. Os torturadores afirmaram que se tratava de detonadores de bombas.

Naquele momento, ninguém poderia derrubar o Comprido, pois há mais ou menos um mês que ele viajara para Maceió, para acompanhar o nascimento do seu segundo filho. Ele iria voltar dali a uns três dias, o ponto de retorno era comigo.

Pensei com firmeza: "Aconteça o que acontecer, não vou levar a polícia em ponto nem em casa de ninguém". "Comprido vai sobreviver para reconstruir o partido". Eu tinha que justificar aqueles explosivos. Inventei um cara, cujo nome era Oliveira. Criei umas características de modo que não existisse nenhum militante no partido daquela maneira. Oliveira era louro, olhos azuis, forte, meio baixo (que eu saiba não existia ninguém louro dos olhos azuis no partido). Eu o conhecera em Fortaleza, encontrava-me com ele de quinze em quinze dias, o próximo ponto seria no dia 15 daquele mês. A minha prisão foi no dia 4 de abril. Despistei os torturadores e inventei um ponto com Oliveira, que seria dali a dez dias.

Ponto de verdade, eu tinha somente dois, o da chegada de Comprido e, alguns dias depois, um ponto com o Menino do Campo, para conectá-lo ao Comprido. Não abri os pontos nem com Comprido nem com o Menino do Campo. Faço aqui um parêntese para acrescentar que Fernando Augusto Fonseca, Fernando Sandália, o nosso querido Comprido foi preso e assassinado no Doi-Codi de Recife, no final de dezembro de 1972. Os torturadores não satisfeitos em torturá-lo até à morte, levaram-no para o Rio de Janeiro, ele já morto, para usá-lo feito um "El Cid", em pontos e aparelhos, como armadilha, e assim assassinarem militantes do PCBR. Morreram em emboscada: Getúlio de Oliveira Cabral, Valdir Sales Saboia, José Bartolomeu Rodrigues de Sousa, José Silton Pinheiro e Lourdes Maria Wanderley Pontes. Os agentes da repressão ainda enlamearam a imagem de Comprido, apresentando-o como traidor, como se ele tivesse ido para o Rio, junto com os agentes, para entregar os companheiros, quando do ele já estava morto. Não satisfeitos, montaram um cenário no Grajaú, conduzindo Comprido para entrar num ponto onde houve um tiroteio entre os agentes da repressão e os militantes. Daí os agentes espalharam que Comprido teria morrido naquela ocasião, atingido pelos próprios companheiros.

O trabalho de campo do PCBR caiu, também, no final de dezembro de 1972. Primeiro caíram Luís Alves Neto e sua mulher, Anatália de Souza Alves de Mello, em Gravatá, Pernambuco, no dia 17 de dezembro de 1972. Em seguida foi preso José Adeildo Ramos, no dia 19 de dezembro do mesmo ano, em Recife, e no dia 26, Fernando Augusto Fonseca, o Fernando Sandália. Os torturadores assassinaram Anatália, em janeiro de 1973. O Menino do Campo deve ter sido preso nesta época, nunca mais o reencontrei.

Não sei por quanto tempo eles me torturaram naquele dia. Quando eu me encontrava já sem forças, quando não podia nem mais gritar, eles me arrastaram e me jogaram no chão, num espaço, acho que era um corredor. Eu continuava com o capuz preto na cabeça e as mãos algemadas para trás. Percebi que ali havia bastante gente, pois quando mexia os pés ou me virava, esbarrava em alguém. Não tive forças para me comunicar, perguntar quem estava ali. E parece que as pessoas que se encontravam lá, também não. Com o capuz, perde-se a noção de tempo, só enxergamos a noite, só a escuridão nos acompanha.

Levavam-me para sessões de tortura todas as noites. Diversificavam os métodos. Além de chutes, socos, pontapés e choques, usavam os telefones, violentos tapas nos ouvidos, com as mãos espalmadas. Utilizaram afogamentos, isto é, mergulhar a cabeça num tanque com água suja, malcheirosa e deixar até a gente não aguentar. Se não fosse aquele maldito capuz, eu teria suportado os afogamentos, pois eu nado muito bem. Quando criança, nadando nos açudes, a gente fazia apostas para ver quem passava mais tempo debaixo d'água sem respirar, para ver quem tinha o fôlego mais forte. Brincadeiras de criança do sertão. Nos tais afogamentos, o problema era o maldito capuz, que grudava na boca, no nariz, não dava para respirar.

Durante uns três dias, mais ou menos, eu negava tudo. Não conhecia Bebeto. Não conhecia Miriam, nem Comprido, nem Pedro de Toledo, nada. Mantinha a posição de ser apenas mulher de Ramires, tendo contato somente com Oliveira, o personagem que inventei. Como eu negava tudo, os agentes trouxeram o Pedro à minha presença. Tiraram o meu capuz e mandaram o Pedro falar comigo. Vi que ele tinha sido muito torturado, pois havia marcas no corpo todo e no rosto. O Pedro então falou:

"Não adianta mais, Baixinha! Está todo mundo aqui, eles já sabem de tudo".

A partir desse dia eles me colocaram numa cela sozinha. Tiraram o capuz e retiraram as algemas. Vi todas as pessoas que se encontravam ali. Romildo, Sônia Beltrão, sua namorada, Pedro de Toledo, além de todos os participantes do movimento estudantil, ligados ao PCBR, Helena Mota Quintela, a Guerrilheira, que estava grávida, Maria Quintela de Almeida, prima de Helena, Fabiano, namorado de Helena, muitos estudantes que eu não conhecia nem sabia dos nomes. Guilhermina, mulher de Ezequias que fora assassinado desde o dia 12 de março. O pior é que Lúcia, a moça que morava comigo, estava presa todo esse tempo e eu não sabia. Comecei a falar com os agentes para soltarem a Lúcia, porque ela não fazia parte de nada e não sabia das minhas atividades. Como eles não me davam crédito, pois achavam que eu a estava protegendo, comecei a mandar recados a Helena, para ela confirmar que a Lúcia não sabia de nada e não era ligada a nada.

Helena Mota Quintela era uma moça cearense, dona do sítio onde o PCBR realizou um treinamento de tiro do qual eu participei. Ramires começou a chamá-la de Guerrilheira, devido à agilidade que ela possuía em se movimentar no mato. Ela passou a ter esse apelido de Guerrilheira, mas era apenas uma brincadeira. Os agentes da repressão, em Fortaleza, começaram a procurar a Guerrilheira. A Helena teve que se afastar de Fortaleza e o partido a conduziu para Recife. Ela passou pelas casas de todos os apoios, em Recife. Não tendo mais onde ficar, o partido pediu para ela ficar comigo, pois eu tinha uma situação semilegal, trabalhava normalmente, ela poderia também conseguir um emprego. Foi a maior besteira que eu fiz na minha vida, como também o maior erro do partido. Os outros militantes não tinham condições de me entregar, pois não sabiam onde eu morava, nem onde trabalhava, nem meu nome. Quando a Helena veio morar comigo, já namorava Fabiano e estava grávida. Ela conhecia Lúcia, que foi liberada no dia 16 de abril de 1972. Nunca mais encontrei a minha amiga.

Quando eu me encontrava na cela, o torturador Miranda veio se apresentar. Ele era agente da Polícia Civil, o terror dos presos políticos de Pernambuco. Aproximou-se da grade da cela, olhou bem pra mim com aqueles olhos redondos de pupilas dilatadas, muito negras, e perguntou: "Você me conhece?" "Não" – respondi. – "Eu sou o Miranda!" Eu disse: "Não posso dizer que é um prazer". Ele respondeu: "Essa Baixinha é cheia de respostas" – retirou-se e foi embora.

Num certo momento, um dos agentes, enquanto datilografava o meu depoimento, colocou que eu havia sido presa com armas, na minha residência. Desmenti veementemente: "Apresente as armas que foram encontradas na minha casa. Estavam carregadas? Qual o calibre da arma?" Eles disseram: "A coronha de uma arma". – "Coronha não é arma" – afirmei. Eles responderam: – "Mas pode se transformar numa arma". Imediatamente argumentei: "Uma faca de cozinha pode virar uma arma. Um cabo de vassoura pode se transformar numa arma. Ninguém considera crime as pessoas manterem em casa facas e vassouras". "Essa baixinha sabe argumentar" – disseram eles. Tira essa passagem da arma, deixa só a coronha.

As sessões de torturas continuavam diariamente. Queriam que eu falasse os nomes dos operários, dos padres que apoiavam o PCBR. Eu continuava sustentando a história de que não havia operário nenhum, que meu trabalho na fábrica da Torre era apenas emprego, que poderia ser outro lugar qualquer, mas eles não acreditavam. Foi quando me puseram no pau de arara, suplício odiento. Consiste em amarrar os punhos abaixo dos joelhos curvados, passam um cano de ferro na curvatura dos joelhos, nas dobras das pernas e penduram a pessoa num cavalete. Os agentes aplicam choques, chutam, dão socos.

O PCBR distribuía textos sobre torturas para os militantes, com o objetivo de informar o que poderia acontecer, caso fossem presos. Achavam que seria uma forma de preparar sobre o comportamento na prisão. Li alguns desses impressos, alguém descrevia o pau de arara e contava que ninguém aguentava muito tempo, pois logo desmaiava. Quando os agentes me penduraram, pensei: daqui a pouco eu desmaio e não vou sentir mais nada. O pior é que não desmaiei, passei várias vezes por esse tipo de tortura e nunca desmaiei.

Uma noite, eu não aguentava mais ficar tanto tempo pendurada e fingi um desmaio. Eles notaram que eu não estava reagindo e me puseram no chão, passaram algo no meu nariz, acho que era éter. Soltaram as amarras e eu tremia sem parar, sem o controle dos meus movimentos. O meu corpo continuava na posição do pau de arara, sem voltar ao normal. Eu comecei a xingar: "Seus desgraçados, vocês querem me aleijar. Por que não me matam de uma vez?" Conduziram-me para a cela e eu fiquei ali, sozinha, tremendo sem parar. Não sei quanto tempo o meu corpo ficou naquela posição, até aos poucos voltar ao normal.

O PONTO

Finalmente chegou o dia em que eu afirmara ter um ponto com o Oliveira, 15 de abril de 1972. Seria às quinze horas, na Encruzilhada. Tratava-se de um cruzamento de várias ruas movimentadas, muitos pontos de ônibus, onde havia sempre movimentos de pessoas, chegando ou saindo, de modo que se algo acontecesse comigo, muita gente iria presenciar. Havia um movimento de ônibus que chegavam e saíam, conduzindo as pessoas para os diferentes bairros, de forma que o local encontrava-se sempre movimentado, com gente saindo e chegando.

Os agentes ficaram em dúvida em relação ao ponto, pois, segundo eles, eu me encontrava presa há vários dias, o cara poderia estar sabendo e não iria comparecer. Resolveram ir assim mesmo. Jogaram-me num camburão e se dirigiram ao local. Chegado o momento, recomendaram que eu não caísse na besteira de querer fugir, de provocar alguma ação, porque eles me apagariam ali mesmo. Após as recomendações, mandaram-me para o ponto. Fiquei de pé no local, que estava cercado pelos agentes que se movimentavam discretamente, disfarçados. Eu olhava somente para o chão, com medo de fixar o olhar em alguém e eles pensassem que se tratava de Oliveira, e o estrago estaria feito.

Passaram se alguns minutos, quando os agentes me puxaram pelo braço, dizendo:

"– Vamos, vamos embora!" Eu os acompanhei sem entender. Empurraram-me novamente no camburão e saíram em alta velocidade. Durante o percurso comentavam: "O que eles estavam fazendo ali?" Interpretei que eles encontraram elementos superiores, também no local, com algum objetivo. Durante o trajeto de volta pensei: "Quando chegar lá, eles vão me torturar". Comecei a rezar baixinho, orações fortes para espantar o demônio, que minha mãe me ensinou. Rezei o Credo em Cruz nas costas deles, como se faz diante do demônio, do cão, o Salmo 91, Salve Rainha e outras. Ao chegar ao DOI-CODI, pensei que eles iriam me levar direto para a sala de tortura, mas foi o contrário, colocaram-me na cela e, naquele dia, não fui torturada.

Passados uns dois dias, os agentes trouxeram à minha presença, na cela, um senhor negro, alto, forte e afirmaram: "Pegamos o Oliveira, é operário da Torre, olha ele aqui!" Eu disse: "Nunca vi esse homem!" Oliveira é branco, louro, tem olhos azuis, é militante clandestino, não é operário! Eles perguntaram para o homem: "– Você conhece ela?" O homem respondeu: "Nunca vi. Essa moça nem parece ser operária!"

Levaram o homem e eu não o vi mais. No dia seguinte, enquanto eles datilografavam o meu depoimento, vi uma ficha de cadastro da Torre, em cima da mesa, escrito com caneta vermelha e em letras de forma: "FOI VISTO COM LAURA". Aquele homem teria sido vítima de traição, alguém que queria prejudicá-lo inventou essa farsa, porque, na realidade, eu não o conhecia.

MEU MUNDO CAIU

Meu mundo caiu
E me fez ficar assim
MAIZA

20 de abril de 1972, o pior dia da minha vida. Há mais de quinze dias que eu me encontrava presa. Tinha conseguido resistir sem abrir os pontos e os contatos com os operários. Naquele dia, mais ou menos às duas horas da tarde, o torturador Miranda, acompanhado do torturador apelidado de Peixinho, chegou diante das grades da minha cela gritando: "Isaura, quem é Isaura, você conhece a Isaura? Estamos com a Isaura!" O Peixinho, imitando voz feminina: "Eu quero falar com a Laura!" Não falei nada e comecei a chorar, um choro convulsivo e forte. Deduzi que ninguém avisou a minha prisão para ela. Eu era responsável pelo dinheiro do aluguel. Todo mês eu recolhia a parte do operário Marlúcio, que trabalhava na Santista, completava com o meu salário e levava para Isaura. Como não apareci, ela, desesperada, resolveu me procurar na fábrica e eles a prenderam.

E o Miranda: "Ah! Agora você chora! É a primeira vez que ela chora". Chorava de dor, de tristeza, de revolta, pois eu estava ali toda machucada, quebrada, disposta a dar a vida para não falar dos contatos com os operários, seriam as únicas pessoas que daria para segurar, porque ninguém sabia e, de repente, ver tudo desabar diante dos meus pés. Isaura era a mulher de Geraldo Ferreira dos Santos, o Gorki, mãe de cinco filhos pequenos, não dava para ficar presa e ser torturada.

Quando o Geraldo partiu, apresentou-me um operário da Santista, seu amigo, o Moreno, cujo nome era Marlúcio. Eu deveria encontrá-lo todos os meses, após a data do pagamento, pois ele me entregaria vinte cruzeiros, correspondentes à metade do aluguel da sua casa, a outra metade, eu completaria e levaria para Isaura. Geraldo não tinha ido para São Paulo por tarefa partidária, mas em busca de emprego, pois vivia numa situação de extrema pobreza.

Durante a sessão de tortura, os agentes da repressão falaram que estavam com a Isaura na Santista para ela mostrar quem era o operário que dava o dinheiro do aluguel. Eu sabia que a Isaura não o conhecia. Os agentes estavam barbarizando na fábrica. Imaginei o terrorismo que eles poderiam praticar com os operários. Então falei que se tratava do operário da tecelagem de apelido Moreno, cujo nome era Marlúcio. Acrescentei que Marlúcio não era ligado ao partido, mas apenas um amigo pessoal de Geraldo. Paralelamente, encontraram com Isaura cartas com o endereço em São Paulo e prenderam Geraldo, levando-o para um centro de torturas onde caiu nas mãos do torturador Fleury, sendo depois enviado ao Doi-Codi do Recife. Além das cartas também encontraram pacotes de documentos do partido que eu lhe pedira para guardar.

O PCBR não tinha operários em suas fileiras. Os operários com os quais eu mantinha contato eram os que frequentavam a ACO, braço operário, organizado da Igreja Católica. Os agentes da repressão odiavam a Igreja Católica, odiavam os padres, odiavam o arcebispo Dom Helder Câmara. Eu frequentava a ACO. O padre Romano era o coordenador da instituição. Celebrava todas as quintas-feiras uma missa muito diferente, totalmente compartilhada. Era uma cerimônia linda! A Comunhão procurava reproduzir a cena da Santa Ceia. Todos recebiam um pedacinho de pão e um pequeno cálice de vinho, todos se uniam num verdadeiro espírito cristão, era um momento mágico.

Para atingir a Igreja, os agentes da repressão prenderam operários que frequentavam a ACO. Fizeram uma acareação entre mim e os operários. Nesse momento, vi quem se encontrava ali. Prenderam João Francisco, Rodrigues, que era do Sindicato dos Tecelões de Paulista, uma cidade da Grande Recife, Rubens, e não lembro se havia outros. Falei que os operários não participavam do partido, não eram nem de esquerda, que eles eram religiosos. Acrescentei que eu é que levava jornalzinho do partido para eles lerem, mas eles nunca participaram de reunião, nunca participaram de nada. Era verdade. Sei que os operários não foram arrolados no processo e que dias depois foram soltos.

A MORTE NÃO ANUNCIADA

Numa certa madrugada, não sei bem de que dia, pois na prisão perde-se a noção de tempo. Sei que foram alguns dias depois da prisão de Isaura, que caiu no dia 20, deve ter sido dia 23 ou 24. Os agentes chegaram de madrugada à minha cela, saíram me arrastando, às pressas e diziam: "Vamos, vamos hoje nós vamos lhe matar". Jogaram-me num camburão, saíram em alta velocidade, dando voltas, sempre afirmando que iam me matar. Cada movimento que eu fazia, esbarrava em cordas e pás. Pensei: "Já que eu vou morrer só me resta rezar". Rezei novamente o Credo em Cruz nas costas deles, o Salmo 91 e a Salve Rainha. Após rodarem bastante tempo, puseram-me no chão, eu estava algemada e com capuz na cabeça. Eles falaram:

"– Nós não vamos lhe matar não. Mas vamos lhe colocar numa solitária e espalhar que você morreu". E assim o fizeram. Ao voltar ao DOI-CODI, fui colocada numa cela fora do ambiente em que se encontravam os outros presos. Dia 28 de abril, após 24 dias de torturas, fui encaminhada ao Dops – Departamento de Ordem Política e Social, setor da Secretaria de Segurança Pública de Pernambuco, através do Ofício n. 87. Quando cheguei, os meus companheiros me receberam com grande demonstração de alegria, batendo palmas, porque pensavam que eu tinha morrido.

Por que os agentes enviavam os presos políticos para o Dops? Porque o Doi-Codi era um departamento clandestino e ilegal do IV Exército, enquanto a Secretaria de Segurança Pública era um órgão institucional. Eles encaminhavam os presos para esta instituição, com o objetivo de formalizar legalmente o processo. No Dops, o delegado tomava o nosso depoimento novamente. Tratava-se de uma espécie de resumo organizado dos relatos do Doi-Codi, dos quais ele recebia cópias e avisava: "Aqui, a gente não tortura ninguém, mas não caia na besteira de negar, dizer que foi sob tortura, porque volta pra lá". No Dops, o depoimento era prestado no Cartório da Delegacia de Segurança Social, na presença do delegado que, na época, era o Redivaldo Oliveira Acioly e um escrivão.

NO BOM PASTOR

No dia 24 de maio de 1972, o Delegado de Segurança Social, Redivaldo Oliveira Acioly envia as mulheres presas políticas à Colônia Penal Feminina, o Convento do Bom Pastor, em virtude da decretação da prisão preventiva, em 23 de maio contra: Maria do Socorro Diógenes, Maria Quintela de Almeida, Helena Mota Quintela e Sônia Maria de Arruda Beltrão, através do Ofício n. 104.

Um dos aspectos positivos era que o Bom Pastor não era uma cadeia, era um convento. Uma edificação de arquitetura antiga, com uma fachada bonita. Tinha uma igrejinha, não parecia tão assustador. As freiras vieram nos receber, elas administravam a prisão feminina em que se transformou o convento. Ao entrarmos, fomos recebidas e abraçadas por quatro companheiras que já se encontravam lá, as presas políticas Rosa Maria Barros, esposa de Carlos Alberto Soares, Tereza Vilaça, Maria Yvone Loureiro, esposa de Odijas Carvalho de Souza, morto, sob tortura, desde janeiro de 1971 e Lilia da Silva Guedes. Nós éramos quatro: Sônia Beltrão, namorada de Romildo Maranhão do Valle, Maria Quintela de Almeida, Helena Mota Quintela e eu. Das oito militantes, somente Tereza Vilaça era ligada à ALN. As outras pertenciam ao PCBR.

Havia duas alas, uma para as presas comuns e a outra, destinada às presas políticas, porém sem comunicação entre as alas. O espaço reservado para as presas políticas não era ruim. Tinha um salão grande onde recebíamos as visitas dos familiares aos domingos, os quartos eram espaçosos, tinha uma cozinha e um espaço tipo quintal, onde havia uma rede de vôlei. Ali, a gente batia uma bolinha e fazia exercícios.

Na prisão, a vida se arrasta ociosa, sem se ter o que fazer. Embora a gente limpasse o ambiente, fizesse a comida, o tempo não passa na cadeia. A Rosa era a mais disciplinada, conduzia os exercícios, não deixava ninguém ficar parado, a gente não tinha o direito de ter preguiça. Ela falava: "Tem que fazer exercícios e combater a ociosidade, senão adoece".

Ouvíamos muita música dos nossos artistas preferidos: Chico Buarque de Holanda, Caetano Veloso, Gilberto Gil, Vinicius de Moraes, Paulinho da Viola, Sérgio Ricardo, Milton

Nascimento, Geraldo Vandré e outros. Gostávamos também das cantoras: Maria Betânia, Gal Costa, Nara Leão, Elis Regina e outras. Tínhamos dificuldades em desenvolver atividades de leitura, porque os discos que os familiares traziam entravam com facilidade, porém livros eram proibidos, mesmo os de literatura. Para os agentes, todos os escritores eram subversivos. Jorge Amado encabeçava a lista, era um "comunista perigoso". E assim eles exerciam a criminalização da literatura. A revista aos visitantes era brutal, constrangedora, humilhante.

Eu possuía um bom conhecimento da língua francesa e aproveitei para dar aulas de francês às meninas. Resolvemos fazer artesanato, bolsas de couro, tipo *hippie*, desenhadas, coloridas. Algumas meninas tinham muita habilidade, eu nunca tive jeito para essas coisas, mas cheguei a fazer alguns trabalhos.

As freiras nos tratavam bem, não faltava nada. Os familiares levavam frutas, alimentos, roupas e outras coisas mais. Havia um frade que nos visitava, Dom Penido, levava bolo. Às vezes, dependendo do guarda que estivesse no plantão, ele conseguia passar uma garrafa de vinho. Uma vez os guardas que estavam lá não o deixaram entrar com o vinho. Ele não teve dúvida, jogou o conteúdo da garrafa no bolo. Quando fomos comer, o bolo estava todo encharcado de vinho, foi muito engraçado.

Enquanto me encontrava no Bom Pastor, escrevia cartas para Ramires, e guardava. As meninas perguntavam: "Por que você escreve essas cartas se ele nunca vai receber?" Eu respondia: "Quando eu sair daqui, vou procurá-lo e entregarei o saco de cartas para mostrar que o meu amor nunca acabou". Vai ser muito engraçado, ele ler um montão de cartas de uma só vez. Um dia, a freira que tomava conta da gente avisou para tomarmos cuidado, não ficarmos com livros, nem documentos, porque, às vezes, a polícia fazia batida.

Nunca ocorreram batidas policiais durante o período em que estive lá, porém quando chegou o dia de sair, em consequência da nossa absolvição, tive que destruir todas as cartas, não dava para conduzir, era realmente muito arriscado. Somente uma ficou entalada na minha garganta e armazenada na minha mente. Antes de rasgá-la, jurei a mim mesma que, de um jeito ou de outro, um dia Ramires tomaria conhecimento do seu conteúdo, que seria a minha resposta em relação à sua atitude após minha prisão.

Eu tinha consciência de que não receberia visitas, pois os meus pais eram camponeses sem terra, não tinham dinheiro para se deslocar a outro Estado. Eu pensava nos meus pais e ficava muito triste, pois eles não entendiam nada das nossas lutas. Para eles, prisão significava que a pessoa tinha feito alguma coisa errada, cometido algum crime. Eles nunca iriam entender como eu poderia ter cometido um crime, uma pessoa com formação religiosa, que estudou para ser freira. A minha preocupação era se alguém explicaria a eles que o único crime que cometi foi lutar pela liberdade e por um mundo melhor, sem desigualdades. Qual não foi a minha surpresa, quando, no primeiro domingo de visitas, as freiras anunciaram que eu também tinha visitas. Fiquei radiante, pois eu não esperava ninguém. Eram os pais de Ramires, o Sr. Francisco Valle e D. Doninha, trazendo a sua irmãzinha, Roseane. Fiquei muito feliz, pois, senti que podia contar com essa segunda família, que ganhei como um legado de amor. Eles foram muito solidários comigo, nunca deixaram de me visitar e ainda pagaram o advogado para me defender, pois os meus pais não tinham condições.

Em que pese a felicidade que vivenciei com essa presença, os pais de Ramires me trouxeram uma notícia que surtiu o efeito de uma flecha disparada no meu peito. Seu Valle me contou que Ramires havia ligado para ele pedindo para me comunicar que estava tudo acabado entre nós, porque eu teria aberto os operários. Seu Valle me defendeu, brigou com o filho, dizendo para ele deixar de ser radical, pois não sabia pelo que eu havia passado, que eu tinha sido muito torturada e não merecia aquela atitude da parte dele. Mas me adiantou, Ramires estava firme na sua decisão.

Ao saber disso comecei a chorar e disse: "Já conheço esse tipo de julgamento do partido". Para eles, eu agora sou uma traidora. Julgamento e condenação sem o conhecimento dos fatos. Enquanto eu chorava, um choro sentido e magoado, falava para os pais de Ramires entre lágrimas: "Eu também fui traída, pois já faziam mais de quinze dias que estava presa, sendo torturada todos os dias, não abri ponto, não levei a polícia em casa de ninguém", e não avisaram à ACO, a Isaura, mulher de Geraldo, e ela foi me procurar na fábrica, sendo presa e torturada pelos agentes da repressão.

Todo mês eu me encontrava com Moreno, recebia a parte dele, juntava com a minha parte e levava para Isaura, mulher de Gorki. Naquele mês não levei o dinheiro, pois tinha sido presa. Ela se desesperou e foi me procurar na fábrica, sendo presa pelos agentes da repressão, que a conduziram à fábrica Santista, querendo que ela apontasse quem era o operário que pagava metade do seu aluguel. Isaura não o conhecia, estava sendo torturada e os agentes praticavam o maior terrorismo dentro da Santista, podendo pegar inocentes. Foi diante desse quadro que eu falei quem era o operário, sempre afirmando que ele não era ligado ao partido, mas, apenas um amigo pessoal de Geraldo. Imaginei cinco crianças pequenas com a mãe e o pai presos, sendo despejados da casa onde moravam por falta de pagamento. Falei para eles soltarem a Isaura e saírem da Santista. Marlúcio não chegou a ser preso, pois não era mesmo ligado a nada. Não cobro nada de ninguém, mas seria a hora de perguntar: "Quem me traiu?"

Confesso que a notícia trazida pelo pai de Ramires sobre o seu rompimento comigo, e naqueles termos, provocou um choque, uma dor, muito mais fortes do que todos os choques que me foram aplicados pelos agentes da repressão, durante 24 dias de torturas. Esse choque atingiu coração e mente, doeu na alma. De repente, receber uma bordoada da pessoa que a gente mais ama. Nenhuma palavra amiga, nenhum conforto, nenhum apoio.

> Ai, doeu, ai, doeu, ai, doeu,
> Ai, ai, ai, doeu!
>
> WANDO,
> *Gosto de Maçã*

Ao sair do ambiente de repressão do DOI-CODI e do DOPS, quando cheguei ao Bom Pastor, tive a oportunidade de refletir, de realizar uma autoavaliação, mas tudo isso é um processo muito dolorido, a gente fica fragilizada por reconhecer que fraquejou. Fiquei decepcionada comigo mesma. Dentro de mim, era só tristeza, dor, decepção, falta de rumo e de perspectiva. Hoje, não me sinto nem traidora, nem heroína, mas apenas um ser humano com suas fraquezas e suas características inerentes. Mas o fato de Ramires ter sido assassinado e desaparecido, sem que eu tivesse a oportunidade de me defender diante dele, essa tortura nunca se afastou de mim.

Como cárcere, pode-se afirmar que o Bom Pastor não era tão ruim. O problema de qualquer encarceramento é a ausência de liberdade. O ser humano nasceu para ser livre, não suporta por muito tempo a falta de liberdade. Se um ser humano ficar muito tempo sem liberdade ele poderá não morrer fisicamente, mas morre mentalmente. A falta de liberdade atrofia o cérebro, anula as pessoas. Permaneci no Bom Pastor por poucos meses, pois o nosso julgamento pelo tribunal militar realizou-se em 13 de dezembro de 1972, fomos todos absolvidos por falta de provas.

5. Fora das Grades

PREPARANDO O RETORNO

Após o julgamento, tínhamos que sair imediatamente do Bom Pastor e nos afastarmos do raio de alcance da repressão. Era muito perigoso, pois, oficialmente, estava expedido o alvará de soltura, mas se fôssemos seguidos e mortos, não seria mais de responsabilidade dos agentes, por termos sido julgados e liberados. Os agentes da repressão costumavam agir assim. Éramos três cearenses: Maria Quintela de Almeida, Helena Mota Quintela e eu. Somente eu e Quintela voltaríamos para o Ceará. Helena ficaria em Recife com o Fabiano, pai do filho dela. Sônia Beltrão era pernambucana, ficaria em Recife, voltaria para o seio da família.

Combinei com Quintela irmos primeiro para Maceió. Ficaríamos uns dias por lá, na casa do meu irmão, professor Eliseu Diógenes, para despistar os agentes da repressão e, só depois, viajaríamos para Fortaleza. O esquema familiar ainda era o mais seguro. Assim fizemos. Quem comprou minha passagem foi o Sílvio, irmão da Sônia. "Obrigadão, Sílvio!!!" De Maceió fui ao Recife e me encontrei com o senhor Francisco Valle, pai de Ramires. Falei do meu propósito de passar um tempo com a minha família, em Jaguaribe, e depois ir para o Rio de Janeiro procurar Ramires. Eu alimentava a esperança de ainda encontrá-lo, bela ilusão. O sonhador sonha mesmo na mais cruel adversidade. O Senhor Francisco Vale me deu um dinheiro para entregar a Ramires, caso o encontrasse. Não sei quanto era, pois a moeda mudou. Ele também tinha esperanças. Voltei a Maceió e, dias depois, seguimos viagem para o Ceará, Maria Quintela e eu.

Após um afastamento involuntário que durou dois anos, eu iria rever a minha querida cidade, onde fui tão feliz. A vontade de chegar era tanta, que até me fez cantar aquela marchinha de carnaval:

> Minha Fortaleza querida
> Terra da Luz, capital da minha vida.
>
> AUTOR DESCONHECIDO

Após algumas semanas em Maceió, preparamos a viagem de volta à Terrinha, o Ceará. Sabíamos que os agentes da repressão montavam guarda nos aeroportos e rodoviárias, por isso, resolvemos viajar num ônibus que percorria todo o interior do Estado de Alagoas, até Icó, uma cidade do interior do Ceará. Tiazinha, Dona Maria Pedrosa, tia da minha cunhada Auderi, casada com o meu irmão, professor Eliseu, foi quem deu a sugestão. O objetivo era fazer com que os agentes perdessem a nossa pista.

Foi uma viagem penosa, mas divertida. O ônibus passava por pequenas cidades, vilas, fazendas, onde embarcavam e desembarcavam pessoas de todo tipo. Conduziam galinhas, porcos, frutas, muitas sacolas. Subia e descia gente a toda hora. Muitos conduziam comida que compartilhavam entre eles, nos ofereciam e nós aceitávamos. Era tapioca, farofa, carne assada, frango com farofa, galinhada, tudo muito cheiroso e gostoso.

Depois de quase três dias de viagem, finalmente, chegamos a Icó. Tínhamos que pegar um ônibus para Fortaleza. Eu ficaria em Jaguaribe, uma cidade do interior a uns oitenta quilômetros de Icó, e Quintela seguiria para a capital. O ônibus para Fortaleza só chegaria a umas três horas da tarde e eram, ainda, umas nove horas da manhã. Fizemos um lanche ali mesmo, na rodoviária, e fomos dar uma volta pela cidade.

Icó é uma cidade muito antiga, possui prédios com arquitetura do tempo colonial, uma igreja matriz, residências em forma de sobrados com varandas, típicas da época do império, e o convento das freiras da Ordem de Santa Teresa. Foi ao conhecer essas freiras, na adolescência, que me despertou o ideal de seguir a vida religiosa. Depois mudei de ideal para seguir a filosofia marxista, lutar pelos oprimidos, por igualdade social e por liberdade.

A cidade fica às margens do Rio Salgado, um afluente do Rio Jaguaribe, o Nilo do Ceará, que, lamentavelmente, seca. Na entrada da cidade, no sentido de quem vem de Juazeiro do Norte ou Iguatu, construíram uma ponte muito bonita sobre o Rio Salgado, tipo a ponte de Petrolina sobre o Rio São Francisco, cujo objetivo é viabilizar a trajetória da BR 116. Icó tem seus encantos.

Seguimos nossa viagem. Eu desci em Jaguaribe e Quintela seguiu para Fortaleza.

Fui recebida pelos meus pais, meus familiares, amigos com muito carinho. A volta ao seio da família não tem preço. Meu irmão Eliseu, minha cunhada Auderi, Dona Maria Pedrosa, Tiazinha já fizeram a grande viagem.

DE NOVO EM CASA

Não dá para descrever a alegria do convívio com a família, os amigos de infância, a cidade que viu a gente nascer, crescer, as nossas raízes. A gente se sente amada, as pessoas ficam felizes em nos ver, sabem que a gente sobreviveu aos sofrimentos impostos por um sistema ditatorial. Eles nos veem como um sobrevivente. Voltei a conviver com a minha mãe, meu pai, receber seus carinhos, seus conselhos. Minhas irmãs e minhas amigas já estavam quase todas casadas, com filhos.

Levava uma vida meio ociosa em Jaguaribe, cidade pequena do interior onde não tinha o que fazer. Nadava no rio, participava das atividades de lazer, dançava nos forrós. O difícil era manter algum nível de leitura. Quase não chegavam jornais, mas não fazia muita falta porque a imprensa era silenciada pela censura. Procurei um jeito de conseguir o jornal *Movimento* e *O Pasquim*, o *Opinião*, jornais alternativos, confiáveis. Através de uma família vizinha de minha mãe e amigos de muitos anos, eu conseguia receber esses jornais. Nossos vizinhos e amigos, Lídia e Sátiro, nós nos tratávamos como compadres, eram comerciantes e, todas as semanas, iam a Fortaleza levar produtos da terra, queijos, manteiga e outros, e traziam produtos da cidade. Eu lhes dava o dinheiro e eles traziam os jornais. Eram tão boa gente que, mesmo quando eu não tinha o dinheiro, eles não deixavam faltar os meus jornais.

Esses compadres já partiram para o plano superior, mas resta a saudade, o reconhecimento e a gratidão.

SEGUNDA PRISÃO

Nunca pensei que, depois de responder a um inquérito policial-militar, ser julgada e absolvida por um tribunal militar, pudesse ser presa novamente. Eu estava com a minha família, não exercia nenhuma atividade política, não mantinha contato com ninguém, por qual motivo poderia ser presa? Santa ingenuidade a minha. Quando se vive sob um regime de ditadura, não existe lei, mas apenas a arbitrariedade. Logo, não é preciso motivo para cercear a liberdade das pessoas.

Em 1973, a partir de 20 de janeiro começavam em Jaguaribe os preparativos para a celebração da festa de Nossa Senhora das Candeias, padroeira da cidade, no dia 2 de fevereiro. As festas das cidades do interior possuem um ritual típico. A praça da matriz fica toda enfeitada com bandeirinhas coloridas, instalam-se parques de diversão com músicas e muitas luzes, as barracas de comidas da quermesse, além de jogos e brincadeiras, durante as nove noites de novena. Toda a população sai de suas casas, vai para a novena e depois se diverte na quermesse.

Como um pássaro saído da gaiola, eu me divertia como há muito tempo não o fazia. Ia brincar na roda gigante, no carrossel, comia bolos e tapiocas nas barracas, sentia-me livre, essa sensação de liberdade de que não desfrutava há muito tempo. Alegria de pobre dura pouco, como diz o dito popular. Não me lembro exatamente o dia, sei apenas que foi bem no final de janeiro. Fui despertada pela Polícia Federal, que veio me prender e me levar para Fortaleza.

Primeiro, eles foram à casa de minha mãe, botaram tudo abaixo, procurando algo comprometedor. Depois de deixar a casa em pandarecos, dirigiram-se à casa de minha irmã, Luzia, avisados pela minha mãe de que eu me encontrava lá. Luzia era dentista, o seu consultório era na própria residência, eu ficava lá, para ajudá-la com os clientes. O marido de Luzia era o senhor Humberto Queirós, muito respeitado na cidade, farmacêutico, com vários mandatos de prefeito da cidade de Pereiro, no seu histórico, também fazendeiro. O meu pai trabalhava como vaqueiro em uma de suas fazendas. Não fizeram nenhum estardalhaço na casa de minha irmã. Agiram com polidez, explicaram que iriam me levar para prestar alguns esclarecimentos. Conduziram-me para o quartel da polícia, ali mesmo, em Jaguaribe e foram embora, dizendo que iam pegar outras pessoas.

UM SEQUESTRO FRUSTRADO?

Enquanto eu me encontrava no quartel da polícia, os vizinhos e amigos contavam que os agentes federais tinham montado piquete à noite, na Rua Savino Barreira, rua onde morava minha mãe, para me pegar na volta da novena. A quermesse terminava em torno das onze e meia, prolongando-se, no máximo, até meia-noite. Segundo os vizinhos e amigos, os federais ficavam encarando as pessoas, focando com uma lanterna, procurando alguém entre os que voltavam para casa. Ocorre que eu estava na casa de minha irmã que era na direção contrária. Se eu tivesse voltado pela Savino Barreira, em direção à casa de minha mãe, eles teriam me sequestrado?

Se eu me encontrava em liberdade após um julgamento com absolvição, por que eles estavam atrás de mim? Eu me tornaria mais uma desaparecida? Perguntas até hoje sem respostas.

Como não conseguiram me prender na calada da noite, foram obrigados a oficializar a prisão. Passei o dia no quartel. Os agentes trouxeram mais duas pessoas. Um rapaz que trabalhava na fábrica de beneficiamento de leite que havia em Jaguaribe, Luiz Gonzaga Diógenes, meu parente, mas eu não o conhecia, e um senhor de meia-idade, camponês, cujo nome não me lembro. Por volta das quatro horas da tarde, voltaram acompanhados pelo Doutor Francisco Diógenes Nogueira, conhecido como Dr. Nogueira, homem importante da cidade, latifundiário, político, com vários mandatos de deputado estadual e federal, primo da minha mãe em terceiro grau. Pediram ao Dr. Nogueira para nos conduzir à Polícia Federal, em Fortaleza, porque eles teriam que ir para outra cidade prender outras pessoas.

O Dr. Nogueira se comportou de modo muito decente. Parou em frente à casa de minha mãe, conversou com ela, tranquilizando-a: "Não se preocupe, comadre! Sua filha vai voltar logo!" Chegando à sede da Polícia Federal, ele me apresentou ao delegado, como sua sobrinha. Ao se despedir, falou: "Não sei o que você fez, não sei o que você pensa, só quero que você se lembre sempre de que a democracia é o sistema político mais perfeito do mundo". Eu respondi: "Quando ela existe!" Ele foi embora. O delegado me enviou para o quartel da Marinha, que ficava na Praia de Pirambu, em Fortaleza. Não sei para onde ele mandou o Luiz Gonzaga e o outro senhor.

Fiquei em uma cela solitária, não via ninguém, não ouvia nada, não sei se havia outras pessoas ali, não fui interrogada, não fui torturada. Fiquei isolada por uns quinze dias, mais ou menos, quando vieram me buscar. Conduziram-me novamente à Polícia Federal e me liberaram. Voltei para Jaguaribe, mas perdi a festa da padroeira.

A CERTEZA DA MORTE

Morando em Jaguaribe, de vez em quando eu ia a Fortaleza, procurava os amigos, ex-companheiros do movimento estudantil e recebia informações sobre os movimentos, os sobreviventes. Um dia eles me falaram da morte de Ramires, com mais três companheiros: Ranuzia, Almir, o Ceguinho, e Moitinho, todos pernambucanos e militantes do PCBR. Contaram-me, também, da farsa encenada em Jacarepaguá, Rio de Janeiro, em 27 de outubro de 1973. Desabei ali mesmo, perdi o chão. Os companheiros procuravam se solidarizar, mas eu estava inconformada. Pensava na mãe de Ramires, no pai, na sua irmãzinha, no seu irmão, Romildo, em toda sua família que o amava muito. Como eles estariam se sentindo com essa perda? Todo militante, na clandestinidade, tem consciência de que está correndo risco de vida, mas a gente alimenta esperança de que existe um meio de sobreviver. No choro, eu falava para os amigos: "O pior é que o partido também acabou. Não existe mais nada". O pessoal falava: "Não, não é bem assim". Eu respondia: "Eles eram os últimos dos moicanos, como no filme americano". A morte desses companheiros representou o último suspiro do PCBR

Tranquei as lágrimas e o coração e voltei para Jaguaribe com a minha dor, chorando para dentro. Sabe o que é chorar para dentro? É um choro sem lágrimas, sem lamentos, sem suspiros, sem ais. Um choro seco, calado, profundo, solitário. Eu não tinha como prantear a morte de Ramires em Jaguaribe, não tinha com quem desabafar, não tinha ninguém para compartilhar minha dor. Minha família não sabia que eu tinha um companheiro a quem eu amava muito, nem que ele fora assassinado cruelmente pelos agentes da repressão. Se eu contasse, eles jamais iriam permitir a minha viagem para São Paulo, com medo de que eu tivesse o mesmo fim. Afinal, eles já haviam passado pelo trauma da minha prisão, no início do ano. A minha vontade era ir embora, mas o processo dos pichamentos, de 1970, não tinha sido julgado ainda. Eu queria esperar o resultado para seguir, sem pendências, para São Paulo. Durante toda minha vida sufoquei as lágrimas, engoli o choro, como se diz na linguagem popular. A minha tristeza virou uma brasa encoberta e se escondeu dentro do meu coração. Sabia que o partido não existia mais e comecei a me organizar para seguir novos rumos, porque, apesar dos pesares, a vida continua.

6. Em São Paulo

Quando eu vim da minha terra
passei a enchente nadando
passei frio, passei fome
passei dez dias chorando
por saber que de sua vida
pra sempre estava passando
nos passos desse calvário
tinha ninguém ajudando
tava como um passarinho
perdido fora do bando

PAULO VANZOLINI,
Capoeira do Arnaldo

O IMPACTO

O meu processo pendente, de 1970, só foi julgado em março de 1974. Fui absolvida, e também os outros companheiros, Pedro Paulo Pinheiro, Antônio Soares de Lima Filho e Pedro Henrique Coelho. Tratei de agilizar a minha viagem para São Paulo, onde eu contaria com o apoio familiar, pois meus dois irmãos, Chico e Teresinha, já se encontravam lá há muitos anos. Em 18 de junho de 1974, eu batia na porta da casa de minha irmã, Terezinha, que morava na Zona Leste de São Paulo, num bairro chamado Vila Guilhermina, à Rua Rego Freitas, n. 32. Nunca esqueci, pois fui muito feliz ali. Terezinha era casada com um cearense, Gabriel Lopes Muniz, tinham dois filhos pequenos, Henri Gabriel que devia ter uns cinco anos, mais ou menos, e a Débora, que era um bebê. Na época, a minha irmã e o meu cunhado possuíam uma microempresa, uma pequena malharia, fabricavam blusas de lã.

Em São Paulo, eu sonhava em reorganizar minha vida: trabalhar, voltar a estudar, seguir em frente. Chorava por Ramires e pelos companheiros, pelo partido, que não mereciam um fim tão trágico. Como é doloroso ver o fim de uma utopia na qual se acredita. Na minha fantasia de nordestina, São Paulo seria como Nova York, era a imagem que eu fazia da cidade. Fiquei decepcionada. Achei a cidade feia, cinza, sem sol, sem luz, escurecida pela garoa ou pela poluição. O meu sentimento, em relação a São Paulo, comunga com Caetano Veloso, que escreveu essa canção, anos depois.

Quando te encarei frente à frente, não vi o meu rosto.
Chamei de mau gosto o que vi, de mau gosto, mau gosto.

Quando Caetano Veloso gravou esta canção, cheguei à conclusão sobre o conceito de poeta. Poeta é aquele que sabe dizer o que a gente sente e não sabe expressar. É que eu tinha vindo de "Um sonho feliz de cidade". Odiei a garoa, tipo de chuvisquinho chato, persistente, gelado, umedece até a alma da gente. As obras de implantação do metrô tornavam o quadro ainda mais feio. Máquinas pesadas nas ruas, escavações imensas, um barulho infernal, montanhas de terra vermelha acumulada, não contribuíam para uma imagem bonita do ambiente. Fiz até um cordel para retratar a triste figura da cidade. Como nunca escrevi, lembro-me apenas da primeira estrofe, que passo a reproduzir aqui:

Quando cheguei a são Paulo
tive uma decepção
operários trabalhando
numa grande escavação.

Perguntei pra que seria
isto é arte do cão
parece que vocês querem
é chegar lá no Japão.
Responderam vai passar
um trem debaixo do chão.
vai passar, vai passar
um trem debaixo do chão (bis)

TRABALHO E ESTUDO

Segui o curso normal da vida, trabalhar e voltar a estudar. Procurei uns contatos que os companheiros de Fortaleza me forneceram. O principal deles era o Rubens Coelho, o Rubinho, professor de geografia. Eu o conhecia do movimento estudantil. Ele era ex-participante do grupo trotskista do qual eu também fizera parte. Encontrava-se em São Paulo desde 1968, por ocasião do AI-5. Ele me apresentou a outras pessoas que muito me ajudaram, principalmente o Alberto de Sousa, professor de português, baiano, ex-diretor do Sindicato dos Petroleiros da Bahia, prejudicado pela ditadura. Conheci também o César, o casal Jeovani e Verinha, José Amélio e Melita, Alfredo Boullos e outros. Essas pessoas muito me ajudaram. Através delas voltei a dar aulas que era tudo o que eu queria. Naquele tempo, havia um curso de supletivo em cada esquina. As empresas começavam a exigir nível de escolaridade dos trabalhadores.

Faltava voltar a estudar, terminar meu curso de letras. Tentei transferência para a USP – Universidade de São Paulo. Meus amigos avisaram: ninguém consegue transferência para a USP. Eu respondia: "Vou tentar, eu também sou aluna de uma faculdade pública estadual". De tanto receber "não", procurei o chefe do Departamento de Letras da USP. Não me lembro mais do nome dele, mas era uma pessoa muito atenciosa. Ele me explicou o motivo pelo qual não aceitavam transferência, mas eu não admitia, não aceitava o porquê. Eu falei para ele que ganhava pouco, não dava para pagar uma faculdade boa, que eu queria terminar meu curso com qualidade, pois o curso lá do Ceará era muito bom e eu não queria baixar o nível. Foi quando ele me indicou a Fundação Santo André e explicou: "É uma faculdade muito boa, as mensalidades são baixas, os alunos pagam muito pouco, porque a faculdade é subsidiada pela Prefeitura. A maioria dos nossos professores dão aulas na Fundação porque eles pagam os professores muito bem. Eu garanto que você, estudando lá, é o mesmo que estar aqui, pois os professores são os mesmos".

Agradeci e fui procurar a Fundação Santo André. O professor tinha razão, o curso era realmente muito bom. Não me arrependo de ter terminado o meu curso de letras nessa faculdade. Aprendi muito, tive ótimos professores, dos quais me orgulho até hoje. Só não segui carreira acadêmica, sob a orientação deles, porque as minhas dificuldades financeiras não permitiram.

SÃO BERNARDO

Enquanto trabalhava nos cursos de madureza da vida, consegui aulas no Sindicato dos Metalúrgicos de São Bernardo do Campo. Com a exigência de escolaridade nas empresas, o Sindicato organizou um curso supletivo para oferecer estudo aos trabalhadores, contribuindo assim com a sua permanência no emprego e favorecendo a promoção nos cargos. Naquela época, o Sindicato estava sob intervenção. Paulo Vidal era o interventor, Luiz Inácio da Silva, Lula, era o vice. Os operários não confiavam em Paulo Vidal, falavam que ele era informante do SNI – Serviço Nacional de Informação. Lula não era esse líder que é hoje, não era nem de esquerda. O seu irmão, o Frei Chico, era metalúrgico de São Caetano do Sul e militante do PCB. Lula projetou-se como líder sindical, nas greves de 1979 e 1980.

Em 1976, Paulo Vidal perde sua base sindical, porque a fábrica onde ele trabalhava se muda e Lula assume a presidência do Sindicato. Trabalhei no Sindicato dos Metalúrgicos de São Bernardo do Campo como professora de literatura brasileira, de janeiro de 1975 a janeiro de 1977. Na faculdade Fundação Santo André, conheci um rapaz que fazia sociologia, José Dárcio da Silva. Morava num bairro bem próximo à faculdade, Vila Guiomar, em Santo André. Era filho único de Dona Rute Borges, ex-tecelã. Começamos a namorar. Como eu estudava e trabalhava no ABC, me mudei para a casa dele e casamos em 22 de dezembro de 1979. Ele era ex-militante do PCB. Nós estávamos sentindo falta de um trabalho político e resolvemos nos filiar ao PCB.

MILITÂNCIA

Sob a orientação do partido organizei um movimento de mulheres em Santo André e, juntamente com outras companheiras, fundamos uma associação de mulheres, a AMUSA – Associação das Mulheres de Santo André. Lutávamos contra a carestia, o desemprego, a inflação e, principalmente, por creches. Não havia creches, na época. São Paulo e as cidades do ABC paulista contavam com um grande contingente de mulheres trabalhadoras que não tinham onde deixar seus filhos quando iam para o trabalho. Através da AMUSA, organizávamos passeatas, participávamos de congressos, realizávamos encontros para debater a condição feminina e outros.

Nos dias 8 de dezembro realizávamos a missa das mulheres, com os cânticos, o folheto, tudo sobre a temática da mulher, Na primeira missa da mulher, realizada na Igreja do Bonfim, no Parque das Nações, em Santo André, após a missa, saímos em passeata como se fosse uma procissão. Fizemos um andor, em cima colocamos uma panela, um caldeirão e um cartaz com os dizeres em letras garrafais: "TEMOS O CALDEIRÃO, FALTA O FEIJÃO!" O Frei Luís, frade franciscano que celebrava as missas, saiu paramentado na frente. Em uma época de carestia, de inflação muito alta que corroía o salário dos trabalhadores, a passeata teve grande repercussão. Todas as mulheres que acompanhavam tinham uma panela na mão, percorriam as ruas, batendo nas panelas e gritando palavras de ordem. A mulherada cantava uma musiquinha, enquanto batia nas panelas: "É O BLOCO DO POVO, ARROZ COM OVO." Uma companheira fez uma fita cassete que foi parar na Itália. Não havia ainda a tecnologia de vídeos e CDs.

Em 1980 fiz concurso para a rede estadual de ensino, sendo efetivada como professora de educação básica, em janeiro de 1983. Como professora da rede pública estadual, passei a fazer parte da APEOESP – Associação dos Professores do Ensino Oficial do Estado de São Paulo. Os funcionários públicos não tinham direito à sindicalização, conseguindo esse direito, apenas, com a Constituição Brasileira de 1988. Participei de todas as lutas, de todas as greves da categoria. O sindicato sempre reivindicava ensino de qualidade para a escola pública, um salário digno para os professores. Exerci todos os cargos da carreira do magistério, através de concurso público: diretora de escola, supervisora de ensino. Hoje, sou aposentada como supervisora de ensino, mas continuo filiada ao meu sindicato.

Descasei em março de 1984. Fui morar com uma amiga, a Lia – Maria Xavier da Luz, uma professora de Presidente Prudente que morava em Santo André. Depois de dois anos, Lia voltou para Presidente Prudente, mas me deixou estruturada na minha própria casa. Nunca mais deixei de morar sozinha e sou muito feliz assim. Aprendi muito com a Lia, amadureci, com ela aprendi a viver.

7. A Luta pela Anistia

Se você estivesse aqui
quantas lutas lutaria,
quantas revoluções faria,
se você estivesse aqui.

Quantos beijos lhe daria,
quantos braços abraçariam
quantos amores teria
quantas vidas viveria,
se você estivesse aqui.

MARIA DO SOCORRO DIÓGENES

A PIONEIRA

Se Ramires estivesse vivo teria participado do movimento mais bonito que houve como tentativa de retorno à democracia, o movimento pela Anistia Política.

Foi o primeiro movimento, em plena ditadura, que envolveu a população, trouxe esperança, uniu a sociedade em um único foco: ANISTIA AMPLA GERAL E IRRESTRITA. Sabíamos que se conseguíssemos a anistia, ela traria no seu bojo a volta à democracia. Obtivemos uma vitória, mas não foi a anistia que queríamos, foi a possível.

Tudo começou com um pequeno grupo de mulheres lideradas por Therezinha Zerbini, advogada, funcionária dos Correios, esposa do general Euryale de Jesus Zerbini, cassado em 1964 por se posicionar contra o golpe civil-militar. Era um democrata, irmão do doutor Euriclydes de Jesus Zerbini, médico, reconhecido mundialmente por realizar, com sucesso, os primeiros transplantes de coração no Brasil.

Em 1970 Therezinha Zerbini foi presa pelos agentes da OBAN – Operação Bandeirantes e foi levada para o DOI-CODI paulista, sediado à Rua Tutoia. O motivo era que os agentes da repressão descobriram que ela havia intermediado a concessão do sítio que abrigara a realização do Congresso da UNE – União Nacional dos Estudantes, em Ibiuna, em 1968, quando ocorreu a prisão de todos os participantes do evento. Foi condenada a seis meses de prisão, sendo encaminhada ao Presídio Tiradentes, em São Paulo. Entre outras, compartilhou a cela com Rose Nogueira, uma jornalista, ligada à ALN, que, na época, trabalhava no jornal *Folha de S. Paulo*, e Dilma Rousseff, militante da VAR Palmares – Vanguarda Armada Palmares.

OS INÍCIOS

Quando Therezinha saiu da prisão, após oito meses, estava determinada a lutar pela anistia e começou a organizar as mulheres na luta pela anistia política. Entrou em contato com mães e familiares de presos políticos e mulheres que não tinham ligação com movimentos políticos, cujo objetivo era organizar um movimento feminino pela anistia. Ela já havia lançado o Movimento de Mães Paulistas contra a Violência, por ocasião das prisões dos estudantes, participantes do Congresso da UNE, em 1968. Procurou essas mulheres e começaram a divulgar a luta pela anistia, quando essa ideia não passava de um sonho. Therezinha Zerbini foi quem primeiro levou a público a discussão e o debate nacional pela anistia que, naquele momento, era discutido em pequenos grupos fechados, como mães de presos políticos.

Em 1974 surge um elemento novo no cenário político, que muito favoreceu o movimento pela anistia, posteriormente. O MDB obteve uma vitória esmagadora sobre a Arena, ao contrário do resultado das eleições de 1970, quando a Arena ganhou estourado. Em 1975, quando o movimento estava tomando fôlego, Therezinha já se encontrava em contato com mães de presos políticos, tais como: a Dinda, mãe de Manoel Cyrillo, a Zelda, mãe de Alipio Freire, Zilah Abramo, Judith Klotzel, Debora Arantes, Vânia Santana, Cecília Coimbra, Mirna Leandro de Castro e outras. Elas distribuíam panfletos conclamando as mulheres a se organizarem e lutarem pela anistia.

A ONU – Organização das Nações Unidas designou o ano de 1975 como o ano Internacional da Mulher e organizou um congresso no México, onde participariam mulheres do mundo inteiro, pois a ONU queria saber como se encontrava a situação da mulher no mundo, em relação aos problemas de emprego, profissionalização, educação, saúde, igualdade, violência e, principalmente, quais as políticas públicas dos governos para reduzir tais problemas. Therezinha Zerbini participou do Congresso com recursos próprios. As mulheres que foram representando o governo brasileiro eram umas madames, coordenadas por Leda Collor, mãe de Fernando Collor de Mello que, em 1990, foi eleito presidente da República, sendo o primeiro presidente a sofrer um *impeachment* por corrupção. A delegação do governo americano recebeu Therezinha, por não haver mais vaga na delegação brasileira. As mulheres americanas traduziram o discurso dela para o inglês e o espanhol. Ela falou numa tribuna aberta, denunciou as prisões e as torturas no Brasil e defendeu a Anistia aos presos políticos.

A iniciativa da ONU proporcionou a mobilização e a organização do movimento de mulheres. O Movimento Feminista se fortaleceu. As diversas tendências se expressavam através dos seus jornais, periódicos que eram editados para defender as posições dos diversos grupos. Havia o *Nós Mulheres, Mulheril,*

Brasil Muler, CIM – Centro de Informação das Mulheres e outros. As mulheres começaram a se organizar e a lutar pelos seus direitos, pelas suas reivindicações. Houve muitos encontros e congressos para debater e reivindicar os direitos da mulher.

Foi nesse contexto que Therezinha Zerbini lançou o Movimento Feminino pela Anistia – MFPA. No início eram poucas mulheres. Elas lançaram o Manifesto Feminino pela Anistia, assinado por apenas oito mulheres. Além de Therezinha Godoy Zerbini, participaram: Lila Galvão Figueiredo, Cristina Sodré Doria, Margarida Neves Fernandes, Virginia Lemos de Vasconcelos, Yara Peres Santestevan, Eugenia Cristina e Joana Lobo. Todas pertencentes à classe média alta, de profissões e faixa etária diferentes. Não eram ligadas a partidos nem organizações políticas, não eram de esquerda, nem se consideravam feministas. O objetivo era mobilizar as mulheres pela ANISTIA AMPLA E GERAL.

Os primeiros materiais produzidos pelo MFPA eram publicados pelo periódico *Brasil Mulher*, coordenado por Joana Lobo. "Logo no primeiro número publicado outras mulheres egressas de organizações clandestinas e militantes de grupos feministas se unem ao jornal, que acaba adotando outros caminhos editoriais o que desagrada o grupo do MFPA de São Paulo, em especial Therezinha Zerbini, o que a leva a romper com este grupo e inaugurar um boletim chamado *Maria Quitéria*. O boletim era um veículo temático, com vocação política restrita à defesa da Anistia e a tudo que a cercava e feminino, produzido por mulheres."

O *Brasil Mulher* queria ser um jornal que retratasse os problemas enfrentados pelas mulheres naquele momento social e político, mas engajado aos temas feministas, que se comunicasse com a mulher trabalhadora, moradora das periferias. Já o foco do boletim *Maria Quitéria* era estimular e promover a discussão a favor da elaboração e aprovação de uma lei de anistia política, sem a preocupação de abrir uma discussão específica para e sobre as mulheres de baixa renda e suas condições ou sobre questões feministas, discussões sobre aborto ou pílulas anticoncepcionais, por exemplo. "Não faz sentido lutar como feministas quando o povo não tem pão e liberdade"[1].

As mulheres do MFPA distribuíam os panfletos nas ruas, nas Universidades, nas Igrejas, teatros. A atriz Ruth Escobar foi uma grande divulgadora do movimento. Therezinha Zerbini articulava mulheres de outros Estados, entrava em contato com mães e familiares de presos políticos. Em Porto Alegre contou com o apoio de Lícia Peres, socióloga e o esposo, Glênio Peres, ex-vereador, vice-prefeito de Porto Alegre, pelo MDB, que assumem a tarefa de mobilizar o Sul para aderir à causa do MFPA. Em Fortaleza, a irmã de Frei Tito aderiu ao movimento. Em Minas Gerais, Helena Grecco, que já liderava um núcleo, "Lutas Democráticas de Belo Horizonte". Dilma Rousseff, em Porto Alegre, foi a primeira coordenadora do movimento e assim foram surgindo em vários Estados os Comitês de Mulheres pela Anistia. Havia núcleos do MFPA ativos em dez capitais do país.

A ABERTURA GRADUAL

A vitória do MDB, em 1974, foi um fator importante para o avanço do movimento pela anistia e as liberdades democráticas. Em 15 de março desse ano entra o general Ernesto

---

1. Therezinha Zerbine, 1979, p. 230.

Geisel, anunciando abertura do regime, uma distensão lenta, gradual e segura. A ditadura começa a se desgastar, a perder apoio. Após os assassinatos de Alexandre Vannuchi, em 1973, um estudante da USP, do jornalista Vladimir Herzog, em 1975 e do operário Manoel Fiel Filho, em 1976, a sociedade desperta para as lutas pelo estado de direito e a redemocratização. O movimento pela anistia se fortalece, ganhando o apoio dos intelectuais. A Sociedade Brasileira pelo Progresso da Ciência – SBPC se reúne em Brasília, em sua 28ª reunião, em 1976, lança um manifesto por liberdades democráticas e exige a anistia. Em 1977, num ato público, em frente à Faculdade de Direito, no Largo São Francisco, em São Paulo, o estudante Goffredo da Silva Telles lê o manifesto "Carta aos Brasileiros" que foi traduzido em várias línguas.

O grande salto do movimento pela anistia, que passou a ser reconhecido em âmbito nacional, unificando a sociedade nas lutas pela redemocratização, foi o lançamento do Comitê Brasileiro pela Anistia – CBA, em 14 de fevereiro de 1978, que passou a coordenar nacionalmente as lutas pela anistia. No início, o comitê era formado pelos advogados dos presos políticos, juntamente com a OAB – Ordem dos Advogados do Brasil, mas logo fizeram parte artistas, intelectuais, jornalistas e estudantes. Foi lançado um "Manifesto à Nação," lido no Teatro Ruth Escobar, no primeiro Congresso Nacional pela Anistia Ampla Geral e Irrestrita, em 5 de novembro de 1978, do qual participaram representantes de todos os Estados da União. O interessante é que além das assinaturas dos setores citados acima, assinava também o manifesto o general Peri Bevilaqua, antes, um general golpista, que fez parte do comando militar da revolução de 64, revolução deles, é claro, agora assinando um manifesto pela Anistia Ampla, Geral e Irrestrita.

Um fato novo, significava a comprovação do desgaste da ditadura nos meios militares. Muitos civis, ora sustentáculos da ditadura, já haviam abandonado o barco da "redentora", como foi o caso do Senador de Alagoas, pela Arena, Teotônio Vilela. Esse senador, mesmo com a saúde abalada, saiu em via sacra pelo país inteiro, visitando os presídios, conversando pessoalmente com os presos políticos, com os seus familiares, fazia-se porta voz das suas reivindicações, ouvindo a sociedade, as pessoas comuns, registrando os seus anseios e os seus sentimentos, isto é, o que a sociedade pensava em relação à anistia e à volta à democracia. Mereceu até uma canção de Milton Nascimento, *O Menestrel das Alagoas*, gravada pela cantora Fafá de Belém. O senador Teotônio Vilela era presidente da Comissão Mista que analisava a questão da anistia. Após suas visitas aos presos políticos, em todo país, declarou "não haver encontrado nenhum perigoso terrorista, mas apenas jovens idealistas, que haviam lutado por suas convicções".

A inclusão da palavra de ordem Irrestrita foi reivindicação dos presos políticos. Lutava-se antes pela anistia ampla e geral. O manifesto do MFPA – Movimento Feminino pela Anistia, de 1975, reivindicava a Anistia Ampla e Geral. A palavra de ordem irrestrita surge como uma contraposição aos primeiros projetos de anistia da ditadura, que previa uma anistia parcial. Não seriam anistiados aqueles que estivessem condenados por crimes de sangue, os que foram condenados à prisão perpétua e à pena de morte.

O que o povo brasileiro não lembra é que a ditadura civil-militar instituiu a pena de morte no Brasil. Em seus tribunais militares, julgou e condenou vários militantes de organizações de esquerda à pena de morte e à prisão perpétua.

Lembro bem do caso de Theodomiro Romeiro dos Santos, militante do PCBR, que estava condenado à pena de morte porque, ao ser preso, fulminou um policial. Os militares o odiavam.

Ao instituir a pena de morte, a ditadura não iria matar ninguém em praça pública, pendurar num poste, esquartejar, como a classe dominante o fez em séculos anteriores. Eles não precisavam desse instrumento, pois matar, pendurar na janela da cela com o cinto do próprio preso, como foi o caso de Vladimir Herzog, esquartejar para sumir com os corpos, isso os agentes do Estado faziam, na calada da noite, nos porões dos quartéis, nas casas da morte, como a de Petrópolis. A pena de morte era um instrumento para aterrorizar a sociedade, criar um clima de medo, de terror, mais do que já existia.

Theodomiro era um dos presos fadados a não ser beneficiado pela anistia, pois enquadrava-se na categoria de crime de sangue. Ninguém confiava na anistia da ditadura, por isso, em 19 de agosto de 1979, Theodomiro foge da prisão em que se encontrava em Salvador e vai para o exterior. Theodomiro deu olé duas vezes na ditadura.

Sem medo, a bandeira da anistia estava na rua, em 1979. A sociedade se uniu através dos comitês que já se encontravam organizados em todos os Estados. Nesse mesmo ano, surge um dado novo para engrossar o movimento, a inserção dos trabalhadores, dos sindicatos que não se encontravam mais sob intervenção. A sanha da ditadura civil-militar e dos patrões havia sido quebrada com a greve vitoriosa dos metalúrgicos do ABC. Os metalúrgicos derrubaram a muralha do arrocho salarial. Os patrões tiveram que abrir a mão e a bolsa e dar aumento na marra.

A GREVE DE FOME

Para apressar e consolidar o processo da anistia, os presos políticos resolveram mobilizar a opinião pública, entrando em greve de fome nacional, iniciada em 22 de julho de 1979, quando o projeto de Lei ainda estava em discussão no Congresso. Frise-se que já havia sido revogado o Ato Institucional n. 5 – AI-5, desde 17 de outubro de 1978, uma emenda constitucional revogara todos os atos institucionais da ditadura. E em 27 de novembro, do mesmo ano, foi editada uma nova Lei de Segurança Nacional que reduziu as penas dos presos políticos. A ditadura estava enfraquecida, perdendo cada vez mais o apoio social e se mantinha, fazendo algumas concessões. Era o início do governo do General Figueiredo que assume em 15 de outubro de 1978.

A greve de fome dos presos políticos continuou por 32 dias, até que, em 28 de agosto de 1979, foi sancionada a Lei n. 6.683, a chamada Lei da Anistia, que não era nem ampla, nem geral, e muito menos irrestrita, pois o projeto aprovado mantinha restrições e anistiava, também, os criminosos do regime, os torturadores e seus mandantes. Estava instituída a impunidade para os crimes de Estado. A anistia abriu as portas das prisões, trouxe os exilados de volta e delineou novas perspectivas de luta, a marcha rumo à democratização. Todos tinham consciência de que a anistia traria consigo a volta à democracia. Mas sendo uma anistia de mão dupla, quando a sociedade se organizou, tomou consciência e se posicionou para punir os torturadores e seus mandantes, se deparou com os entraves da própria Lei da Anistia que os beneficiava e os blindava, impedindo a sua punição até hoje.

RETORNO DOS EXILADOS

... Meu Brasil
que sonha com a volta do irmão do Henfil
com tanta gente que partiu
num rabo de foguete...

JOÃO BOSCO e ALDIR BLANC,
O Bêbado e o Equilibrista

A partir de agosto de 1979, após a Lei da Anistia, os exilados começaram a voltar. Primeiro foram Leonel Brizola, Miguel Arraes, Márcio Moreira Alves, Gregório Bezerra e, depois, o Betinho, Herbert de Souza. As entidades, os movimentos sociais se mobilizavam e iam receber os exilados no aeroporto. O nosso grupo de mulheres participava. Fazíamos faixas, cartazes com as palavras de ordem: ANISTIA AMPLA GERAL E IRRESTRITA, e também reivindicando a volta da democracia. Foram os momentos mais bonitos e emocionantes das lutas.

O movimento da anistia, a abertura das portas das prisões e o retorno dos exilados foram os momentos mais gratificantes de toda minha vida de militância política. Via-se nos rostos, nos olhos das pessoas uma sensação de vitória, de esperança. A volta dos exilados foi, sobretudo, um espetáculo humano. De todas as recepções que eu participei, as mais bonitas foram as de Betinho, Herbert de Souza, Luiz Carlos Prestes e Gregório Bezerra. Na chegada de Betinho, todo mundo cantava a música de João Bosco: "Meu Brasil que sonha com a volta do irmão do Henfil, com tanta gente que partiu num rabo de foguete..." Essa música passou para a história como o hino da anistia.

Somente no início de 1980 é que voltaram os militantes do PCB que se encontravam exilados na União Soviética.

Havia uma grande multidão no aeroporto de Congonhas, para receber Luís Carlos Prestes. Ele chegou primeiro no Rio de Janeiro, dias depois é que veio para São Paulo. As pessoas cantavam a Internacional, hino da Revolução Socialista. Quando o avião aterrissou, a porta se abriu e dela saiu aquela escadinha, ninguém se segurou, os participantes correram em direção ao avião, suspenderam Luís Carlos Prestes nos braços e o conduziram até a parte interna do aeroporto, sempre ao som da Internacional.

> Bem unidos façamos, nessa luta final,
> uma terra sem amos. A Internacional.

Foi uma cena inesquecível. A ditadura deve ter amargado o seu ódio, entornado os bofes, engolindo o seu próprio fel, vendo que se cumpria a profecia da música de Chico Buarque de Holanda, *Carta ao Presidente* que, devido à censura, mudou o título para *Apesar de Você*.

> Como vai apagar,
> vendo o sol clarear,
> de repente, impunemente.
> Como vai abafar
> nosso povo a cantar
> na sua frente.

Nunca me conformei com o fato de não ter, ao meu lado, Ramires e outros companheiros da nossa época, mortos e desaparecidos, lutando junto ao povo, pois era o nosso sonho revolucionário ver o povo na rua mobilizado contra a ditadura.

A VOLTA DOS PÁSSAROS

Maria do Socorro Diógenes

Voltaram os pássaros
ocuparam novamente
ruas e praças
cantam alto
bicam, revoam

Não adianta espantá-los
eles não saem.
As aves de arribação sempre voltam
não importa a estação
primavera, inverno ou verão.
Elas voltam

As aves, como os amigos, se vão...
Em busca de outros espaços
outros destinos, se vão...
A linha do tempo sempre os traz de volta
para a liberdade.
O canto da liberdade
não se canta só

8. As Greves dos Metalúrgicos do ABC Paulista

Os três cavaleiros do Apocalipse, para a ditadura civil-militar, foram: o movimento pela ANISTIA AMPLA GERAL E IRRESTRITA, as greves dos metalúrgicos do ABC, o movimento das Diretas Já.

As greves dos metalúrgicos do ABC representaram aquelas mobilizações com que todo revolucionário da nossa época sonhou vivenciar um dia. Lutávamos pela organização da classe operária, queríamos conscientizar os operários nas lutas pelas suas reivindicações e para que houvesse a participação dos trabalhadores nas lutas contra a ditadura civil-militar. Pois é, os metalúrgicos de São Paulo, principalmente no ABC paulista, organizaram-se sem interferência de organizações políticas, desafiaram os patrões e a ditadura e realizaram as greves até então proibidas.

Nessa época, o PCB continuava desgastado junto à sociedade, mas ainda mantinha alguma influência nos sindicatos. Sua força maior manifestava-se no sindicato dos Metalúrgicos de São Paulo e no de Santo André. O presidente do Sindicato dos Metalúrgicos de Santo André era Benedito Marcílio. Ele não participava de organizações de esquerda, mas era um cara muito legal, um liberal, um democrata.

Conheci Marcos Andreotti, um operário metalúrgico comunista, já aposentado, dirigente do partido em Santo André. Era alto, magro, cabelos grisalhos, usava sempre uma jaqueta escura, com o estilo e o porte dos operários italianos. Frequentava o sindicato todos os dias, religiosamente, sendo muito respeitado entre os metalúrgicos, pois ele era o seu fundador, juntamente com Mário Buchila, um operário comunista da construção civil. Eles não só fundaram o sindicato, como construíram o prédio, que não é tão diferente do modelo original.

Quando o TRT – Tribunal Regional do Trabalho declarou a greve ilegal e afastou as direções dos sindicatos, os sindicalistas refugiaram-se nas igrejas. Em São Bernardo do Campo reuniam-se na Igreja Matriz e, em Santo André, na Igreja do Bonfim. Os metalúrgicos aprovaram em assembleia a criação do fundo de greve. Todas as entidades mobilizavam-se para coletar donativos, alimentos, roupas e dinheiro. Houve a passeata das mulheres, das famílias, reivindicando a retomada das negociações. Participei de todas as mobilizações nos movimentos de apoio, juntamente com meus companheiros de militância e as mulheres da AMUSA, que já estava organizada. Senti muito a falta de Ramires. Cada evento, cada passeata, eu me lembrava dele, que bem poderia estar ao meu lado, distribuindo panfletos, fazendo discurso-relâmpago, práticas dos velhos tempos.

Quem estava organizado, lutando contra a ditadura civil--militar, sabia que, após a anistia, as greves dos metalúrgicos, principalmente a greve de 1980, sobre a qual o governo militar despejou todo seu aparato repressivo e não conseguiu desmobilizar o movimento grevista, não haveria mais condições de a ditadura se manter de pé. O aparelho repressivo foi desmoralizado pela classe operária. A greve de 1979 já havia derrotado a política do arrocho salarial, uma das bases do "milagre brasileiro". A partir daí, a ditadura ficou mal das pernas, desgastada, encurralada, sem apoio da sociedade, teria que entregar os pontos.

Em que pese o grande avanço do movimento pela anistia, o que fez a ditadura beijar o chão e começar a entregar os pontos foram as greves dos metalúrgicos do ABC, em 1978, 1979, 1980. O tal "milagre brasileiro" só foi possível às custas do arrocho salarial, de um alto índice inflacionário e de uma dívida externa impagável. Quanto mais a inflação subia, mais corroía os salários dos trabalhadores, mais reduzia o seu poder de compra. Não havia o direito de reivindicar aumento salarial, não havia o direito de greve, os sindicatos encontravam-se sob intervenção. Fazia-se necessário que a classe operária quebrasse a espinha dorsal dessa política opressora sob a qual se estruturava o esquema da exploração do trabalho pelos patrões.

Teve início o desafio em maio de 1978, com a greve dos metalúrgicos da Saab Scania, em São Bernardo do Campo, que depois se expandiu para São Paulo, Osasco, Campinas, e se estendeu até o mês de junho. O que motivou o movimento grevista foi a revelação, feita pelo Banco Mundial, de que o regime militar manipulara os índices de inflação de 1973 e 1974, mascarando o verdadeiro custo de vida e penalizando os trabalhadores, cujos salários sofreram defasagem de 34,1%. Os trabalhadores sentiram-se roubados e começaram a se movimentar, divulgando dentro das fábricas o roubo dos patrões e do governo. Começaram a insuflar os companheiros a lutar por reajuste salarial. O sindicato iniciou uma campanha pela reposição das perdas.

Pode-se afirmar que a greve de 1978 foi uma greve vitoriosa, pois os metalúrgicos conseguiram um reajuste de 11%, acima do índice, além de ter ela servido como preparo para a greve de 1979. Após a greve de 1978, o sindicato dos metalúrgicos se fortaleceu, conseguiu confiança e prestígio junto aos trabalhadores, pois havia dado o primeiro passo para a quebra da política do arrocho salarial. Foi uma greve pequena, de reivindicação específica, mas serviu de experiência para o preparo e a organização da greve de 1979. Os trabalhadores sentiram-se confiantes, vitoriosos. Perceberam que era possível fazer greve, mesmo na ditadura.

As lideranças e os ativistas começaram a organização dentro das fábricas e criaram as comissões salariais. A greve sairia de dentro pra fora, não seria uma greve organizada dos sindicatos para as fábricas, mas o contrário, as fábricas se declarariam em greve e envolveriam os sindicatos. Havia um cuidadoso preparo e uma estratégia de luta, além do objetivo de não perder o sindicato para uma nova intervenção. Foi planejada a greve para ser deflagrada no dia 13 de março, uma terça-feira, a partir de zero hora. O fato de terem escolhido uma terça-feira fazia parte da estratégia. Na segunda-feira, dia 12 de março, as comissões salariais teriam tempo para avaliar a força do movimento e convencer os vacilantes, além de não demonstrar nenhum radicalismo para a sociedade. O apoio social era muito importante. No dia 13 de março teve início a greve geral dos metalúrgicos do Estado de São Paulo, com a participação de 34 sindicatos e a coordenação da Federação dos Metalúrgicos. A pauta constava de 21 itens, entre os quais: reajuste salarial de 65%; piso salarial igual a três salários mínimos vigentes;

garantia de emprego após o término do contrato de experiência, noventa dias; reconhecimento dos delegados sindicais com estabilidade desde a indicação até o final da convenção, na proporção de um delegado para cada grupo de quinhentos empregados, assegurando-se o número mínimo de um delegado para as empresas com menos de quinhentos trabalhadores; redução da jornada de trabalho para quarenta horas, sem prejuízo salarial; estabilidade para os empregados acidentados, mesmo que não tivessem ultrapassado o período de experiência, e muitos outros itens. A pauta seria unificada e sua extensão tinha por objetivo a substituição rápida de reivindicação, caso os patrões rejeitassem algum item.

No dia 12 de março, a Federação traiu e aceitou a proposta dos patrões, um reajuste de 44%. Os metalúrgicos do ABC não aceitaram e continuaram em greve. Os sindicatos de São Bernardo do Campo e Diadema, Santo André, Mauá, Ribeirão Pires, São Caetano do Sul, no dia 13 de março, deflagraram a greve e a adesão foi maciça. Enquanto ocorria a primeira assembleia no estádio de Vila Euclides, hoje, 1º de Maio, em São Bernardo do Campo, a FIESP divulga nota afirmando que não cederia mais de 44%, já acordado com a Federação. A DRT – Diretoria Regional do Trabalho rejeita o índice de 65%, e a proposta da criação do delegado sindical e envia o dissídio ao TRT para que decretasse a greve ilegal. Em 15 de março, o TRT declara a ilegalidade da greve.

Na assembleia de 16 de março, os trabalhadores decidem-se pela continuidade e criam o Fundo de Greve. Os metalúrgicos realizam uma assembleia, com a presença de mais de oitenta mil pessoas. Em 18 de março houve uma passeata da qual participaram os familiares e os apoiadores. A greve ganhou o apoio da sociedade e a luta se expandiu para outras cidades, inclusive, São José dos Campos. Houve intervenção federal nos três sindicatos do ABC, as diretorias foram afastadas. Em 23 de março, o ministro do trabalho, Murilo Macedo, e o TRT nomeiam o delegado do trabalho, Guaracy Horta, como interventor no sindicato dos metalúrgicos de São Bernardo do Campo.

APOIO DA IGREJA

Quando os sindicatos sofreram intervenção e as diretorias foram afastadas, a Igreja Matriz de São Bernardo do Campo tornou-se o quartel general dos trabalhadores. Em Santo André, a Igreja do Bonfim, no parque das Nações, era o ponto de apoio dos operários grevistas. Nas igrejas os grevistas se reuniam, tomavam decisões e organizavam a continuidade do movimento. Nelas também se promoviam movimentos de arrecadação de alimentos, roupa e doações em dinheiro para o Fundo de Greve. Mobilizavam-se e se conscientizavam as pessoas para apoiar as lutas e reivindicações dos operários e arrecadar fundos para não deixar as famílias passarem necessidades.

O primeiro de maio de 1979 foi comemorado com uma missa, celebrada por Dom Cláudio Hummes, bispo diocesano da região do ABC, no pátio do Paço Municipal de São Bernardo do Campo, com a presença de mais de cem mil pessoas. Participaram artistas, inclusive, Vinicius de Moraes.

TRÉGUA E ACORDO

Em 27 de março houve a assembleia para a aprovação dos 45 dias de trégua solicitada pelos patrões. A trégua previa a suspensão da greve e a reabertura das negociações. Aprovada a trégua, os trabalhadores e suas lideranças tinham consciência da importância de manter a categoria mobilizada e organizada. A suspensão da greve não significava o fim do movimento grevista. Foi realizada nova assembleia em 13 de maio para apresentação das propostas e fechamento do acordo nos seguintes termos, entre outros itens.

* reajuste de 63%.
* alteração da data base de 2 de abril para 1º de abril.
* garantia do emprego ao trabalhador acidentado.
* garantia de emprego à gestante.
* fornecimento de uniformes e equipamentos de segurança pela empresa.

Os trabalhadores aceitaram o acordo e a greve foi encerrada. As tendências radicais, como a Convergência Socialista e a Causa Operária, posicionaram-se contra o acordo e defenderam a continuidade da greve. Publicaram críticas contundentes contra os sindicatos, inclusive afirmando que as direções haviam traído os operários. Lula, Luiz Inácio da Silva, presidente do Sindicato dos Metalúrgicos de São Bernardo do Campo, foi chamado de traidor por aceitar o acordo com os patrões.

A história mostrou que as direções sindicais estavam corretas em fechar o acordo com os empresários, pois conseguiram o reajuste salarial, derrotando a política do arrocho salarial exercida há mais de quinze anos pelo governo militar e os patrões.

O objetivo dos metalúrgicos, juntamente com as direções, as comissões salariais, os ativistas, era não perder o sindicato. O encerramento da greve significava, também, o fim da intervenção. Em 18 de maio, as diretorias afastadas, antes de reassumirem os sindicatos, realizaram uma assembleia e colocaram seus mandatos à disposição, para que os trabalhadores decidissem se eles deveriam continuar. Os mandatos foram aprovados por unanimidade, em clima de festa.

A GREVE DE 1980

Apesar de os metalúrgicos encontrarem-se mais organizados, mobilizados e confiantes, a greve de 1980 não foi como as de 1978 e 1979. Foi deflagrada a greve geral dos metalúrgicos do ABC no dia 1º de abril, após uma assembleia com sessenta mil trabalhadores, no estádio de Vila Euclides, em São Bernardo do Campo. Dessa vez, a repressão foi intensa. No início, o TRT se considera incompetente para julgar a greve e propõe um reajuste escalonado, de acordo com a faixa salarial. No dia 14 de abril, o TRT declara a ilegalidade da greve. No dia 17 de abril, o governo intervém nos sindicatos de São Bernardo do Campo, Santo André e São Caetano do Sul e cassa as diretorias. D. Claudio Hummes, bispo da região do ABC, distribui nota, conclamando as paróquias a apoiar a greve e arrecadar alimentos para as famílias dos grevistas.

No dia 14 de abril, Lula e mais catorze sindicalistas são presos e levados ao Dops. Em 22 de abril, em assembleia na igreja matriz de São Bernardo do Campo, os metalúrgicos decidem continuar a greve. Rubens Teodoro Arruda, o Rubão, e Nelson Campanholo são presos.

A ditadura havia proibido a comemoração de 1º de Maio, mas foi celebrada uma missa na igreja matriz de São Bernardo do Campo, com a presença de mais de 150 mil pessoas. A igreja foi cercada pelo exército, os helicópteros sobrevoavam, mas ninguém arredou pé. No final da missa, os participantes saíram em passeata, desafiando tanques, tropas de choque, helicópteros, até o estádio de Vila Euclides, onde houve um ato público. Os operários ignoraram todo aquele estardalhaço repressivo e realizaram o ato público como se nada estivesse acontecendo.

Os sindicalistas presos iniciam greve de fome pela reabertura das negociações. No dia 6 de maio, as mulheres realizam passeata em São Bernardo do Campo, exigindo a reabertura das negociações. Em assembleia, na igreja matriz, no dia 11 de maio, os metalúrgicos decidem voltar ao trabalho. Osmarzinho, Osmar Mendonça, do comando de mobilização é preso, enquanto discursa. Os presos suspendem a greve de fome. Lula e os outros sindicalistas são libertados a partir de 20 de maio. A greve durou 41 dias.

As greves dos metalúrgicos, dos anos 1978, 1979 e 1980, devem ser analisadas, não só pelas conquistas trabalhistas, mas pela grande virada política que proporcionaram. Primeiro, derrotaram a política econômica do "milagre brasileiro", onde um dos fundamentos era o arrocho salarial. Segundo, desenvolveram a ideia do novo sindicalismo, independente, sem influências de partidos políticos, tendo como princípio a organização dos operários partindo de dentro das fábricas. O sindicato devendo funcionar como mediador nas negociações, ficando livres das manobras dos pelegos. Terceiro, tornaram-se públicas as articulações para a criação do Partido dos Trabalhadores.

UM NOVO PARTIDO

Muita gente pensa que foi Lula quem teve a ideia da criação do Partido dos Trabalhadores e que foi ele quem fundou o PT. Trata-se de um equívoco, embora o Lula tenha sido o líder máximo para que o Partido dos Trabalhadores existisse com as características que lhe são peculiares.

Ocorreu que, em uma das assembleias da greve de 1979, o Lula, ao explicar aos operários grevistas as dificuldades que as direções sindicais encontravam para negociar as reivindicações, ressaltou que todas as instituições eram dominadas pelos patrões e foram criadas para defenderem os seus interesses. "Os trabalhadores não contam com o apoio de nenhuma instituição." E continuou: "Os Tribunais do Trabalho defendem os patrões, fazem o que os patrões mandam. A Assembleia dos deputados também defende os interesses dos patrões, os partidos políticos estão do lado dos patrões, pois são eles que financiam as campanhas. Está na hora de se criar o Partido dos Trabalhadores". O Estádio de Vila Euclides veio abaixo, com mais de sessenta mil pessoas gritando: "Partido dos Trabalhadores", "Partido dos Trabalhadores", "Partido dos Trabalhadores". É a primeira vez que um partido é criado por aclamação. Foi um momento lindo e de muita empolgação. A partir daí começam as articulações mais intensas para a formação do Partido dos Trabalhadores.

Acontece que, desde 1978, a Convergência Socialista, organização de esquerda de tendência trotskista, vinha discutindo a necessidade da formação de um partido independente da classe trabalhadora, um partido dos trabalhadores. A ideia foi interrompida devido às prisões da direção executiva, inclusive de Nahuel Moreno.

Em janeiro de 1979, José Maria de Almeida, metalúrgico de Santo André, leva a proposta de um partido dos trabalhadores a um congresso do Sindicato dos Metalúrgicos de Santo André, tendo ela sido aprovada. Em seguida, ele que era da Convergência Socialista, eleito delegado do Sindicato dos

Metalúrgicos de Santo André ao Congresso dos Metalúrgicos do Estado de São Paulo, realizado na cidade de Lins, em 24 de janeiro de 1979, apresenta a proposta da formação do Partido dos Trabalhadores e é aprovada pelo congresso. A Convergência Socialista foi quem primeiro propôs, publicamente, a constituição de um partido dos trabalhadores, submetendo à aprovação de um congresso de trabalhadores. Observe-se que, desde 13 de outubro de 1978, os atos institucionais, como o famigerado AI-5 e os outros, dentre eles o que proibia a existência de outros partidos políticos, além da Arena e do MDB, já haviam sido revogados.

Em 10 de fevereiro de 1981, no Colégio Sion, em São Paulo, realizou-se a assembleia de fundação do Partido dos Trabalhadores. Apostaram no novo partido todos os sobreviventes das organizações armadas, que não mais existiam, a ditadura civil-militar eliminara todas elas. O novo partido contou, também, com o apoio dos intelectuais de esquerda, os grupos e tendências de esquerda, inclusive a Convergência Socialista, tendência de linha trotskista. A corrida da esquerda para dentro do Partido dos Trabalhadores deve-se ao fato de uma nova premissa constante do programa do novo partido: o pluralismo democrático. Quem assina a ficha número 1 do Partido dos Trabalhadores é o ídolo dos militantes do PCBR, Apolônio de Carvalho.

Somente os partidos comunistas, PCB, PC do B e PCR não entraram no Partido dos Trabalhadores, pois os comunistas perceberam que o novo partido não era marxista e não apresentava vínculo com qualquer ideologia. Não aderiram a essa onda e continuaram organizados como partidos comunistas. O conceito de pluralismo democrático, na visão dos comunistas, consistia na defesa do direito de organização de qualquer grupo ou partido, mesmo os de direita, sem discriminação. O pluralismo democrático, na versão do Partido dos Trabalhadores, seria a aceitação de outros grupos ou organizações políticas dentro do partido, como tendências. Organizações ou grupos aceitariam o PT como seu partido, mas continuariam como tendências independentes.

Um exemplo de organização que entrou no Partido dos Trabalhadores como tendência foi a Convergência Socialista, porém o namoro durou pouco. Algum tempo depois, foi expulsa e formou o PSTU – Partido Socialista dos Trabalhadores Unidos.

Os sobreviventes da esquerda armada, com raríssimas exceções, correram para dentro do PT. Os militantes que voltaram do exílio, os ex-presos políticos e militantes cujo objetivo era desenvolver uma participação política na legalidade. Eu não critico os companheiros que encontraram no PT um canal de participação política, pois quando a gente sai da prisão, ou vem do exílio, busca um meio de atuar na vida política do país. Na época, início dos anos 1980, o Partido dos Trabalhadores oferecia esta opção.

A CENTRAL ÚNICA DOS TRABALHADORES

Em consequência das greves dos metalúrgicos do ABC, nos anos de 1978, 1979 e 1980 houve um grande avanço e fortalecimento das organizações sindicais. Formou-se um grupo que se autodenominou de Sindicalismo Autêntico, liderado por Lula, que defendia a independência dos sindicatos e dos trabalhadores. Lutava pela desvinculação das organizações sindicais da subordinação das instituições governamentais, tais como os Tribunais do Trabalho: TRT e TST – Tribunal Superior do Trabalho, obrigatoriedade inscrita na CLT – Consolidação das Leis Trabalhistas, desde Getúlio Vargas.

À medida que os trabalhadores foram se organizando, surgiu a necessidade de uma central sindical que os representasse nacionalmente e se partiu para organizar um congresso, mesmo em plena ditadura. Foi o Congresso das Classes Trabalhadoras, o 1º CONCLAT. Os Estados ou regiões realizavam os ENCLATS – Encontros das Classes Trabalhadoras. Todos aprovavam a formação de uma central e enviariam os delegados para a participação no CONCLAT. Ocorre que o país ainda estava sob o regime ditatorial, embora bastante enfraquecido. Ante essa realidade, muitas entidades se posicionavam afirmando que ainda não era o momento, que a ditadura poderia reprimir o movimento, acabar com as organizações e não permitir o congresso.

No final da década de 1970 para o começo de 1980, o país atravessava uma profunda crise econômica, a inflação chegava a 150%, uma dívida externa de cem bilhões de dólares, havia dependência ao FMI – Fundo Monetário Internacional, alta taxa de desemprego e a política do arrocho corroía cada vez mais os salários dos trabalhadores. A sociedade brasileira começava a se organizar em diversos movimentos: Sem Terra, Movimento Negro, Estudantil, Movimento de Mulheres, Movimento Contra a Carestia. É neste contexto que os trabalhadores realizam o 1º CONCLAT e fundam a CUT – Central Única dos Trabalhadores, em 28.08.1983, no Pavilhão Vera Cruz, em São Bernardo do Campo.

Na minha militância em São Paulo eu nunca encontrei o grande companheiro Cleodon. Sabia que ele fazia parte da oposição dos metalúrgicos de São Paulo, um movimento de oposição ao Joaquinzão, Joaquim da Silva Andrade, o famoso pelego do Sindicato dos Metalúrgicos de São Paulo. Às vezes seu nome era citado pela imprensa, por ocasião de movimentos ou de eleições sindicais. Por meio de amigos tomei conhecimento da sua morte, em 2012. Fiquei muito triste ao saber que a morte levou o homem mais solidário que eu conheci. Aquele que me deu a mais ampla solidariedade e, em poucos dias, orientou corretamente minha prática política, coisa que o partido não foi capaz de fazer em três anos de militância.

9. Fechando Ciclos

AS DIRETAS JÁ

Tudo começou em 1983, em Pernambuco, a terrinha de luta, em Abreu e Lima, por ocasião da comemoração de emancipação do município. Os participantes do evento resolveram reivindicar eleições diretas. Depois começaram pequenas manifestações em Goiânia, em Minas e as manifestações por eleições diretas foram se espalhando. Em 1982 houve eleições diretas para os governadores dos Estados, sendo eleitos muitos candidatos do campo progressista. Franco Montoro foi eleito governador de São Paulo. O contexto da situação do país mudou, havia um clima favorável às mobilizações. Uma inflação de 239% ao ano, uma recessão profunda, proporcionando mobilização das entidades de classe.

As manifestações, reivindicando eleições diretas para presidente da República, foram se espalhando pelo país inteiro e o número de participantes aumentando cada vez mais, até que, no início de 1984, o movimento se intensificou, chegando a um milhão de pessoas em um comício no Rio de Janeiro. Em São Paulo, no comício do Vale do Anhangabaú atingiu-se o recorde de quase dois milhões de pessoas. O ditador de plantão era o General Figueiredo, que declarou o movimento como subversivo e intensificou o policiamento, mas o povo não tinha mais medo de subversão nem de comunismo e ia para rua reivindicar DIRETAS JÁ. Como lamentei a ausência de Ramires nas lutas pelas eleições diretas. Em cada grande mobilização de que eu participava sempre me batia uma tristeza, porque eu achava que ele tinha o direito de ter visto, de ter vivenciado, pois as mobilizações de massa para derrubar a ditadura eram tudo que a nossa geração queria.

O deputado Dante de Oliveira recolheu as assinaturas dos deputados e senadores para a votação no Congresso da Emenda Constitucional das Eleições Diretas. A emenda foi votada em 25 de abril de 1984, sendo rejeitada por não conseguir a quantidade suficiente de votos, obtendo 298 votos a favor, 65 contra e três abstenções. Devido a uma manobra dos apoiadores do regime, houve a ausência de 112 deputados no plenário da Câmara no dia da votação. Mais um sonho do povo brasileiro barrado covardemente.

Como é difícil se conseguir mudança neste país! Eu comparo as lutas do povo brasileiro a um time de futebol que está em campo, joga, se esforça e não consegue finalizar o gol, a bola sempre bate na trave. A direita consegue manobrar e virar o jogo de acordo com os seus interesses. Foi assim com o projeto da Anistia, foi assim com a emenda Dante de Oliveira das Eleições Diretas e continua assim, impedindo-se o Brasil de consolidar uma democracia forte e uma sociedade igualitária. É pena ver isto, "apesar de tudo que fizemos" (Belchior).

Em 15 de janeiro de 1985 ocorrem eleições indiretas para presidente da República. Tancredo Neves se elege como primeiro presidente civil, porém no dia de sua posse, quando ia receber a faixa presidencial, recolhe-se a um hospital com uma doença grave, vindo a falecer em 21 de abril de 1985. Assume José Sarney seu vice, encerrando-se assim 21 anos de ditadura civil-militar, que durou de 1964 a 1985.

Foi estabelecida a Constituição Brasileira em 1988, que o saudoso Ulisses Guimarães denominou de "Constituição Cidadã", que já virou uma colcha de retalhos de tanta emenda. Somente em 1989 é que se realizou a primeira eleição direta para presidente da República. Os momentos democráticos que conseguimos a duras penas são como balas para crianças ou pirulitos, um docinho que logo acaba ou é tirado da nossa boca.

O FIM DA UNIÃO SOVIÉTICA

> *É complicado estar só*
> *Quem está sozinho que o diga*
> *quando a tristeza é o ponto de partida*
> *quando tudo é solidão*
> *é preciso acreditar num novo dia*
> *na nossa nova geração perdida*
> *de meninos e meninas*
> *nos trevos de quatro folhas*
> *a escuridão ainda pior que essa luz cinza.*
> *Mas estamos vivos ainda...*
>
> RENATO RUSSO

O pior período para os comunistas, vivenciado durante a minha militância, foi depois da queda do Muro de Berlim, em 9 de novembro de 1989. Em seguida houve a dissolução da União Soviética, em 1991. Os comunistas eram humilhados. Pessoas comuns, que nunca tiveram compromisso ideológico, faziam chacota, perguntavam: "Como vocês vão ficar agora que o comunismo acabou?" Nós respondíamos: "O comunismo é uma ideologia, uma filosofia, não acaba por decreto da burguesia". Até mesmo setores da esquerda se comportavam, usando as mesmas atitudes da burguesia, inclusive, chamando os comunistas de dinossauros.

A dissolução da União Soviética abalou os partidos comunistas do mundo inteiro. Houve a perda de referência. Havia a necessidade urgente de uma mudança, de uma reestruturação, de novas respostas à sociedade, um novo rumo político. O Partido Comunista Italiano foi o primeiro a mudar, inclusive, de nome. No Brasil, desde 1979, com a volta dos exilados, tais como Luís Carlos Prestes, Gregório Bezerra, Anita Leocádia e outros, que voltaram da União Soviética, beneficiados pela Lei da Anistia, já se configurava uma grande divergência interna entre os comunistas vindos do exílio e a Direção Nacional do PCB, cujo presidente era Giocondo Dias. Os exilados perceberam uma orientação direitista no partido, a ponto de Gregório Bezerra afirmar: "Fizeram um partido cor de laranja".

Havia uma tendência ao racha entre os exilados e a direção nacional. Essas divergências já existiam desde o exílio. O grupo liderado por Luís Carlos Prestes não concordava com a tendência de aproximação da direita que o partido estava seguindo. Em 1980 Luís Carlos Prestes deixa a direção e, juntamente com o grupo de militantes que o apoiavam, formaram o Polo Comunista, Luís Carlos Prestes – PCLCP. A gestão de Giocondo Dias no PCB se estende até 1985. Depois assume Salomão Malina.

Conforme se lê em Wikipedia, "nova crise instaura-se a partir de 1989 na esteira dos acontecimentos do Leste Europeu e da crise de representatividade que vinha vivendo o partido, perdendo espaço nas esquerdas e no movimento sindical para o PT e deixando de contar com o aporte da URSS que se esfacela após a queda do muro de Berlim".

Em 1991 Roberto Freire assume a direção do PCB. Baseado num discurso da Nova Ordem Mundial, por causa da dissolução do bloco soviético, de globalização do capitalismo que assume a forma mais exploradora travestido de neoliberalismo, afirmava que não havia mais lugar para os comunistas e propunha o fim do partido, a mudança de nome, de programa, o fim do princípio da Revolução Social e a aproximação com a social democracia. Segundo ele, tratava-se de uma Nova Esquerda.

Havia o bloco que defendia um novo partido, sem comunismo, sem revolução, sem marxismo, liderado por Roberto Freire, que era majoritário, e o bloco que queria continuar com a bandeira do comunismo, propondo uma nova análise, um novo programa, mas fundamentados no marxismo. Assim divididos, partiram para o congresso, em 1991, no Rio de Janeiro. Na época eu morava em Santo André. Toda militância andreense se posicionou pela continuidade do comunismo. Participamos do congresso com três delegados: Cesar, que era o presidente do partido em Santo André, um militante, cujo nome não me lembro, e eu.

O debate foi acirrado, configurou-se a divisão interna. Roberto Freire conseguiu aprovar, às pressas, um congresso para 1992. Seria um congresso aberto, onde participariam pessoas que não precisavam ser filiadas, mas que poderiam votar e tomar decisões sobre o futuro do Partidão. Funda-se o PPS — Partido Popular Socialista, partido de esquerda democrática, inspirado nos partidos que, naquele momento, emergiram na Europa ocidental a partir da matriz comunista ortodoxa, como o Partido Democrata de Esquerda (PDS) italiano, oriundo do Partido Comunista Italiano — PCI.

O grupo da militância comunista retira-se desse congresso e decide pela manutenção do Partido Comunista Brasileiro

(PCB). Depois de longa disputa jurídica, durante a qual o grupo de Roberto Freire registra a legenda do PCB para controlar o patrimônio documental do partido, o grupo comunista consegue manter a sigla PCB. O novo PCB critica a política do partido nos anos imediatamente anteriores a 1992, e se declara revolucionário e classista. Finalmente, abandona a visão reformista que defendia a necessidade de uma etapa democrática e nacional antes da luta pelo socialismo. A revolução socialista hoje está na ordem do dia para o PCB, embora com poucos militantes.

Em 1992, Roberto Freire e seus seguidores fundam o Partido Popular Socialista, defensor da esquerda moderada, da social democracia e do socialismo democrático. Obteve o registro permanente em 19 de março de 1992. O novo partido também apoia a terceira via, como corrente ideológica proposta pelo britânico Anthony Giddens, que busca conciliar a esquerda política com a direita, tanto que tem como aliados o PSDB e o DEM – Democratas (antigo PFL, remanescente da Arena). No plebiscito de 1993, o PPS defendeu a república parlamentarista.

Houve eleições municipais, em 1992. Como eu desenvolvia um trabalho de massa em Santo André, era professora de escola pública na periferia, participava do sindicato dos Professores, a Apeoesp, o partido resolveu lançar minha candidatura à vereadora, porque eu era bastante conhecida. Nunca gostei de política eleitoreira, nunca foi meu sonho, mas aceitei para divulgar o partido, enfraquecido com o racha que formou o PPS, e para desfazer a ideia de que o comunismo acabou.

Fizemos coligação com o PT que, naquele tempo, administrava a prefeitura da cidade sob o comando do prefeito

Celso Daniel. O candidato a prefeito pelo PT era José Cicoti, vice-presidente do sindicato dos metalúrgicos de Santo André. Meu *slogan* de propaganda era: "SANTO ANDRÉ PEDE SOCORRO". Era um jogo de palavras com o meu nome. Pintávamos muros, fizemos camisetas com esse *slogan*. Celso Daniel não gostou porque a frase subtendia crítica à administração. Mas não era no sentido de crítica, pois a administração dele era muito boa, Santo André desenvolveu muito, mudou de cara com a administração do PT. Eu mantive o *slogan* porque era criativo. O pessoal do PTB, que era o partido mais forte em oposição ao PT, falava paro o Cesar: "Faça um investimento pesado nesse *slogan* que ela ganha". Como investir? O partido não tinha um tostão, fiz campanha a pé, eu não tinha carro, nem sabia dirigir.

Juntamente com o pessoal do PT fazíamos campanha nas portas das fábricas. A minha principal bandeira de luta era: "CRECHE PERTO DE ONDE MORAMOS", representando uma das principais reivindicações das mulheres trabalhadoras. Um dia, nessas campanhas de portas de fábrica, distribuindo o meu panfleto e pedindo apoio à reivindicação por creches públicas, um operário olhou para mim, com descaso, e perguntou: "Por que creche?" – Eu respondi: "Creche, porque o filho não é só da mãe".

Ele refletiu e falou: "É, o filho não é só da mãe!" Riu, pegou parte dos meus panfletos e saiu distribuindo para os colegas dele, falando: "CRECHE, QUE O FILHO NÃO É SÓ DA MÃE!" Foi muito engraçado.

Durante a campanha, em um comício no bairro da escola onde eu lecionava, a Escola Estadual Joaquim Lúcio Cardoso Filho, situada na periferia de Santo André, na Avenida Sorocaba, eu fiz o discurso, com as minhas propostas em cordel e cantei no palanque. Eu sabia que, no bairro, havia muitas famílias nordestinas. Não escrevi o cordel. O candidato a prefeito em oposição ao PT era o Dr. Brandão, do PTB – Partido Trabalhista Brasileiro. Era médico, foi prefeito muitas vezes em Santo André, nunca perdia eleição, só perdia para Celso Daniel. Uma das estrofes do cordel era assim:

Se o povo votar no Brandão
a cidade vai ficar ao Deus dará
sem saúde e sem educação
e não adianta reclamar.
Mas a estrela vai continuar brilhando.
Se minha cidade andar pra trás
eu sei que morro.
É por isso que Santo André pede Socorro
com Cicotti, Riva e Lula lá.

José Cicotti não se elegeu, eu também não. A minha votação foram uns quinhentos votos, mais ou menos. A legenda do PCB contabilizou uns setecentos votos, mas valeu a pena. Celso Daniel foi barbaramente assassinado em 2002. Um crime, até hoje, não esclarecido.

O ENIGMA MACABRO

Passados 44 anos, a morte de Ramires Maranhão do Valle continua como um enigma. Não dá para formular um relato completo, com base em documentação. Segundo matérias publicadas no *Jornal do Brasil* e na revista *Veja*, como também em testemunhos de poucos moradores, por volta de oito horas da noite, um Volkswagem vermelho de placa AA 6960 encontrava-se estacionado em frente ao portão do

Colégio Estadual Pedro Américo. Havia quatro ocupantes que, a princípio, pensava-se tratar-se de dois casais. Conforme depoimento de poucas testemunhas, perto das nove horas da noite, desce um homem armado de um Volkswagem, percorrendo a praça, avisando às poucas pessoas que se encontravam nas imediações, dizendo: "Afastem-se, porque a coisa vai começar a ficar preta". Ao mesmo tempo, outro homem armado desce de um Opala e se aproxima de alguns casais de namorados que se encontravam encostados no muro da escola, protegendo-se da chuva, e avisa: "Afastem-se porque a barra vai pesar".

De repente, como numa ação planejada em todos os detalhes, surgem carros de todas as ruas que dão acesso à praça, entre Volkswagem e Opalas, cercam o Volkswagem vermelho que estava parado em frente ao portão da escola e começam a metralhar o carro. O cerco era formado por uns oito a nove carros, de acordo com os moradores. Durante o tiroteio, uma mulher sai do Volks e cai a uns poucos metros do carro, sendo atingida por vários tiros no rosto e no peito. Um dos agentes solta uma bomba dentro do carro, que se incendeia, ficando parcialmente destruído. Os corpos dos ocupantes do banco traseiro e o do motorista ficaram totalmente carbonizados. A bomba destruiu qualquer documento, qualquer identificação que, porventura, houvesse dentro do carro. Após a explosão do Volks, os assassinos fugiram em alta velocidade.

Os moradores ficaram com medo de se aproximar. Alguns minutos depois, chegam o carro dos bombeiros e a ronda local que retiram os corpos para serem conduzidos ao Instituto Médico Legal – IML do Rio de Janeiro. O único corpo não carbonizado foi o da mulher que saiu do carro.

Vestia blusa clara, calça cor de vinho com bolinhas brancas, não portava documentos. Ao ser atingida, deixou cair um revolver com seis balas intactas. Os corpos foram encaminhados ao IML com guias firmadas pelo DOPS.

Ninguém sabia da razão daquela chacina, nem a imprensa dispunha de informações precisas. Os moradores pensavam que se tratava de acerto de contas entre traficantes de drogas, embora, naquele mesmo dia, os próprios órgãos da repressão reconhecessem a morte de Ranúzia Alves Rodrigues e Almir Custódio de Lima, ambos militantes do PCBR. Havia fortes indícios de que Ramires Maranhão do Valle e Vitorino Alves Moitinho encontravam-se dentro daquele carro.

O comissário Euder Lima, da 32ª Delegacia, com jurisdição em Jacarepaguá, começou as investigações na mesma noite da chacina, colheu cartuchos de balas de calibres diferentes, sendo afastado, dias depois, porque o caso passou à responsabilidade de autoridades superiores. Diz ele: "Os criminosos são gente de alto nível, preparados para executar outros crimes tão perfeitos e perversos quanto este".

A ditadura civil-militar e seus asseclas nunca assumiram a morte de Ramires Maranhão do Valle e Vitorino Alves Moitinho. Os dois faziam parte da lista de desaparecidos políticos. Os familiares e amigos sabiam que Ramires era um dos ocupantes do carro que explodiu em Jacarepaguá, pois um companheiro de Ramires, Antônio Soares de Lima Filho, o Help, telefonou para o Sr. Francisco Clóvis Valle, pai de Ramires, e avisou que ele estava dentro do carro incendiado. Os órgãos da repressão nunca reconheceram esse fato.

Em 1985 um oficial amigo do Sr. Francisco Valle lhe contou que, ao ler uma troca de informação entre o exército e a aeronáutica, havia um relato da morte de Ramires e a comunicação de que quatro pessoas morreram no carro incendiado. Somente em 1991, com a abertura dos arquivos da ditadura, é que Romildo Maranhão do Valle, irmão de Ramires, juntamente com o grupo Tortura Nunca Mais do Rio de Janeiro, tiveram acesso à documentação do Instituto Médico Legal. Romildo encontrou no IML quatro exames necroscópicos de três corpos carbonizados e de um corpo de mulher com ferimentos a tiros, com datas de 27 e 28 de outubro de 1973. Os corpos chegaram do Dops do Rio de Janeiro.

O grupo descobriu que os militantes políticos assassinados pela ditadura eram enterrados como indigentes, no cemitério Ricardo de Albuquerque, zona norte do Rio de Janeiro. O próximo passo seria a exumação. No livro de registro do cemitério não constavam os nomes dos militantes políticos enterrados ali. Consultando coveiros antigos é que o grupo conseguiu encontrar a vala clandestina: quadra 30, sob o ossário de cerca de trinta metros encostado ao muro da rua Airipuã, nos fundos do cemitério. "De 71 a janeiro de 74, os indigentes eram todos levados para lá", segundo Romildo.

Após a exumação dos corpos e a identificação dos militantes políticos enterrados em Ricardo de Albuquerque, inclusive Ramires Maranhão do Valle, Romildo foi à imprensa e denunciou o assassinato do irmão pela ditadura civil-militar. Em virtude da comprovação da morte de Ramires, e ao ver a denúncia pública realizada por Romildo no noticiário da televisão, Dona Agrícola Maranhão do Valle (Doninha) não resistiu à dor da certeza da perda do filho e morreu de um enfarte fulminante, aos sessenta anos de idade, sendo enterrada em Fortaleza. Como Ramires constava das listas dos desaparecidos políticos, ela alimentava a esperança de, um dia, encontrar o filho. Foram dezoito anos de espera, dezoito anos de buscas, dezoito anos de esperança. Não resistiu ao saber que era o fim. Mais uma crueldade e covardia da ditadura, que não assumia seus crimes.

Dentre as 2080 ossadas exumadas da vala clandestina do Cemitério Ricardo de Albuquerque, foram identificados treze militantes políticos enterrados lá. São eles:

ALMIR CUSTÓDIO DE LIMA: Militante do PCBR e natural de Recife, era operário metalúrgico da Aluferco, no Rio. Morto aos 23 anos no cerco de Jacarepaguá. Sua morte foi reconhecida em nota do I Exército, mas o corpo, semicarbonizado, não foi entregue à família. Entrou dia 28.10 e saiu dia 27.12.1973 do IML.

RAMIRES MARANHÃO DO VALLE: Natural de Recife, também era considerado desaparecido. Carbonizado na armadilha de Jacarepaguá, militou no PCBR de 1969 até sua morte aos 22 anos. Seu corpo entrou dia 28.10 no IML e saiu dia 31.12.1973.

VITORINO ALVES MOITINHO: Considerado desaparecido, estudou Química na Universidade Federal do Rio de Janeiro e Contabilidade na Faculdade Moraes Junior, na década de 1970. Baiano, morava no Rio com quatro irmãos e militava no PCBR desde 1968. Morreu com 24 anos e era um dos quatro ocupantes do carro metralhado e incendiado na Praça Sentinela, em Jacarepaguá, dia 27 de outubro de 1973. Seu corpo entrou no IML dia 28.10 e saiu dia 27.12.1973.

RANÚSIA ALVES RODRIGUES: Natural de Garanhuns, Pernambuco, deixou a Universidade Federal de seu Estado no último ano do curso de enfermagem. Militante do PCBR, morreu aos 28 anos, metralhada fora do carro incendiado. Foi identificada como terrorista pelo Exército, em Jacarepaguá. Seu corpo entrou no IML dia 28.10 e saiu em 31.12.1973.

MERIVAL ARAÚJO: Militante da ALN, era estudante da Escola Técnica Federal Celso Suckow da Fonseca. Foi torturado e morreu no dia 7 de maio de 1973, aos 28 anos. Oficialmente, foi morto em tiroteio ao tentar resistir à prisão. Enterrado como indigente, seu corpo entrou no IML dia 14.5 e saiu em 18.5.1973.

WILTON FERREIRA: Mecânico, militava na Vanguarda Armada Revolucionária Palmares (VAR Palmares). Foi fuzilado em sua casa, n. 55 da Rua Silva Vale, em Cavalcante, no Rio por agentes do DOI-CODI/RJ, dia 30 de março de 1972. Seu corpo deu entrada no IML no dia do assassinato e saiu no dia 27.6.1972.

LUIZ GUILHARDINI: Operário naval e dirigente do PC do B, morreu aos 52 anos no DOI-CODI/RJ, sob tortura. Em nota divulgada dia 20 de dezembro de 1972, se diz que Luiz foi metralhado ao fugir de um carro da polícia. Seu corpo entrou no IML dia 05.1 e saiu em 6.2.1973.

JOSÉ RAIMUNDO DA COSTA: Marinheiro da Marinha Mercante, militava na Vanguarda Armada Revolucionária Palmares (VAR Palmares). Foi morto sob tortura nas dependências do DOI-CODI/RJ, em 5 de agosto de 1971, e seu corpo encontrado em terreno baldio da Rua Otacílio Nunes, em Pilares. Entrou no IML dia 05.8 e saiu em 9.9.1971.

JOSÉ GOMES TEIXEIRA: Funcionário Municipal de Duque de Caxias, ex-marítimo, era militante do Movimento Revolucionário 8 de Outubro (MR-8). Morreu sob tortura. Nota oficial de 23 de junho descreve sua morte como suicídio por enforcamento. Entrou no IML dia 23.6 e saiu em 3.7.1971.

GETÚLIO OLIVEIRA CABRAL: Metalúrgico e militante do PCBR, foi morto no DOI-CODI/RJ no dia 29 de dezembro de 1972. Seu corpo foi colocado num carro incendiado no Grajaú, tendo entrado no IML em 30.12.1972 e saído em 6.2.1973.

BARTOLOMEU RODRIGUES DE SOUZA: Militante do PCBR, morreu sob tortura no DOI-CODI/RJ. O corpo foi carbonizado no carro do Grajaú. Entrada no IML em 30.12.1972 e saída em 6.2.1973.

José Silton Pinheiro: Teve morte idêntica a de Getúlio e Bartolomeu. Morto sob tortura no Doi-Codi/rj, o corpo foi carbonizado no carro do Grajaú. Entrou no iml em 30.12.1972 e saiu em 6.2.1973.

Lourdes Maria Wanderley Pontes: Enterrada com nome de Luciana Ribeiro da Silva, era militante do pcbr e foi morta aos 30 anos na casa onde morava, em Bento Ribeiro, junto com o amigo Waldir Sales Saboia, dia 29 de dezembro de 1972. Segundo versão oficial, resistiu à prisão e foi metralhada. Entrou dia 30.12.1972 e saiu em 26.2.1973[1].

HOMENAGENS

> *Cantei, cantei*
> *Jamais cantei*
> *Tão lindo assim.*
>
> *Bastidores,*
> Chico Buarque de Holanda

Em 11 de dezembro de 2011 foi inaugurada parte das obras do memorial em homenagem aos presos políticos da Ditadura, no cemitério Ricardo de Albuquerque. Estiveram presentes à cerimônia, Cecília Coimbra, presidente da Ong Tortura Nunca Mais, a vice-presidente Victória Grabois, o vice prefeito e secretário do Meio Ambiente da cidade do Rio de Janeiro Carlos Alberto Muniz, que não dispensou esforço e dedicação na construção dessa obra, além de familiares e amigos dos treze militantes, opositores da ditadura, encontrados na vala clandestina daquele cemitério.

1. Dados do jornal *O Dia*, Rio de Janeiro – 20.8.1991.

O cemitério é bem simples, típico de subúrbio, com pequenas cruzes de madeira colocadas em cima das covas de terra, sem nome, sem fotos, sem vasos de flor, sem nada. Ali são enterrados os pobres, aqueles que nunca tiveram nada na vida, os sem nada. Nada na vida, nada na morte. Foram erguidos catorze monumentos em forma de totens, contendo os nomes e um pequeno histórico de cada militante. Os totens são verdes, com a frente espelhada, refletindo a paisagem. Quando nos colocamos diante do espelho, vemos a nossa imagem lá dentro. Leva à reflexão de que ali é o fim de todos nós.

A cerimônia foi conduzida por Ramires, filho de Romildo. Um dos participantes foi o pastor Mozart, amigo de Ranúsia, que muito ajudou os perseguidos políticos. Ele gostava muito de Ramires e o acolheu por algum tempo, sob o nome de João. O pastor é uma verdadeira lenda viva, magro, alto, com uma imensa barba branca até a cintura, esvoaçando ao vento. Parece um personagem do filme Senhor dos Anéis.

Iniciaram-se os discursos: Romildo, Cecília Coimbra, do Grupo Tortura Nunca Mais, o vice prefeito, o Paulo Pontes, ex-militante do PCBR e ex-marido de Lourdes Maria Wanderley Pontes, uma das homenageadas.

Ele expressou críticas à esquerda, às organizações que lutaram contra a ditadura, falando dos erros cometidos naquela época. Eu pedi a palavra e afirmei que os sobreviventes não estavam ali para falar dos nossos erros. Os erros da esquerda são conhecidos, assumidos, discutidos e deles nós fazemos autocrítica. Nós estávamos ali para denunciar os crimes da ditadura civil-militar, que nunca foram esclarecidos e assumidos. A abertura dos arquivos foi apenas um paliativo, pois só abriram o que era menos comprometedor e, até então, não haviam esclarecido o que foi feito dos desaparecidos políticos, como morreram e onde estão enterrados.

Nunca deram satisfação às suas famílias. Os crimes devem ter sido tão cruéis, tão inumanos, que agora, passado tanto tempo, eles têm vergonha de mostrar ao povo brasileiro os abusos praticados. Sem contar que os torturadores e os seus chefes nunca foram responsabilizados e punidos.

Em seguida, prestei minhas homenagens a Ramires e encerrei cantando o último verso da música de Renato Russo: "Quem sabe um dia eu escrevo uma canção pra você". Então o pastor se aproximou de Sônia, mulher de Romildo, e disse: "ela é afinada, será que ela canta uma música comigo?" A Sônia respondeu: "canta". Ele me procurou com umas folhas de papel na mão. Eram letras de *A Internacional*, *O Bêbado e o Equilibrista*, de Aldir Blanc, *Para Não Dizer que Não Falei de Flores*, de Geraldo Vandré, e outras. Eu falei: "Vamos cantar *O Bêbado e o Equilibrista*, que era considerado o hino da Anistia, e no final, a gente canta a música de Vandré, porque todo mundo canta junto". Cantamos e foi muito bonito.

IDOS E VIVIDOS

Procurei neste depoimento informar mais sistematicamente a verdade sobre a trajetória política e a prisão de um grupo de militantes políticos do Nordeste brasileiro, nos tempos da ditadura civil-militar de 1964, entre os quais me incluo. Trazendo à luz histórias clandestinas, a partir da minha vivência, acredito estar contribuindo para a composição da verdade histórica.

Formando uma teia de amor e política sob os rigores e os riscos da clandestinidade, o meu itinerário se cruzou com o de Ramires Maranhão do Valle, jovem revolucionário pernambucano. O relato também tratou desse amor interrompido pela circunstância da minha prisão e tragicamente encerrado com o assassinato de Ramires pelos agentes da repressão, aos 22 anos.

Em 21 de novembro de 2017 Ramires faria 67 anos. Se fosse vivo, não sei se estaria ao seu lado. Apesar do nosso relacionamento em torno de dois anos, eu quase nada sabia sobre sua vida, pois na clandestinidade a regra básica de segurança é o "quanto menos se souber, melhor". Vim me informar mais, por meio dos seus familiares, de companheiros e amigos. E sei que ele foi um jovem querido pelos amigos, um revolucionário dedicado e respeitado pelos companheiros e uma pessoa que deixou um lastro de bem-querer por onde passou.

Aqui deixo expressa a imensidão do meu amor por Ramires e a tentativa de me libertar de uma mágoa, de um sentimento de injustiça preso na garganta há mais de 40 anos. Como infeliz coincidência, assinalo o fato de que, quando encerrei este depoimento, em 27 de abril de 2017, tive conhecimento da morte, naquele dia, aos 98 anos, do Sr. Francisco Valle, pai de Ramires, e que eu considerava como um segundo pai.

"São tempos idos e vividos", segundo as palavras de Machado de Assis.

LUZ E UTOPIA
Maria do Socorro Diógenes

Cometa de luz
passaste por este mundo
tão rápido e tão brilhante
iluminando a vida das pessoas
que te amavam

Teus ideais
eram pontos de luz
como as estrelas no céu.
Apesar da tua curta existência
doaste tua vida por amor à causa

O farol da liberdade
náo se apagou
continua aceso nos sonhos
das pessoas que lutam
contra a opressáo e a exploraçáo.

De onde estiveres
acende a luz da utopia
nos coraçóes
daqueles que
ainda
querem caminhar.

Caderno de Imagens

Sem incidentes, mulheres debatem

Trezentas delegadas, representando seis mil mulheres, participaram na manhã de ontem, no Teatro da Universidade Católica (Tuca), da abertura do 3.º Congresso da Mulher Paulista, sob a liderança da Associação de Mulheres. Outro grupo feminista, acusado de radical, seguidor da linha do Jornal "Hora do Povo", também realizou seu encontro, mas de forma separada, no ginásio do Pacaembu. Os incidentes previstos entre os dois grupos não aconteceram.

Essa divisão começou desde a fase preparatória do congresso, quando as duas alas, trocando críticas, brigaram pelo controle da reunião. Hoje, às 15 horas, na praça da Sé, o grupo que se reúne no Tuca participará de uma manifestação pela passagem do Dia Internacional da Mulher.

No Tuca, além das trezentas delegadas, cerca de duzentas mulheres participaram do congresso, na qualidade de observadoras, portanto sem direito a votar qualquer tipo de proposta. A parte da manhã foi reservada para a solenidade de abertura, na qual foram homenageadas a ex-presa Etiene Romeu, que recentemente denunciou torturas cometidas pelos órgãos de repressão em uma casa de Petrópolis; e Zélia Magalhães, morta em 1949, no Rio de Janeiro, quando participava de comício repudiando a Lei de Segurança Nacional da época. Inês não esteve no Tuca, "por falta de segurança pessoal", segundo as organizadoras do congresso, mas enviou carta de apoio à luta pela liberdade das mulheres porque "ela não enfraquece a luta pela democracia, travada hoje por amplos setores da Nação, e pelo socialismo, a ser realizado por entes sociais mais ou menos impregnados de preconceitos milenares..."

VITORIOSO

Iara Prado, da Sociedade Brasil-Mulher, e presidente da mesa do congresso, na abertura dos trabalhos de mulheres conquistaram o direito de se organizar de forma autônoma e independente, enquanto mulheres, somando esforços com o conjunto das forças populares. "No ano passado fomos 4 mil mulheres" — lembrou Iara — "foi uma grande vitória, mas ainda estávamos muito dispersas e não conseguimos avançar na organização do movimento de mulheres". "Mas, ressaltou a presidente da mesa, este ano fizemos um congresso diferente, baseado na organização das mulheres por bairros, nos sindicatos e cidades do Interior do Estado." Iara considerou o congresso no Tuca como sendo vitorioso, por representar cerca de 6 mil mulheres, através das 300 delegadas presentes.

Várias pessoas ligadas à luta pela democracia e pela libertação feminina foram convidadas para a abertura do Congresso. Além dos deputados do PT Sérgio dos Santos, Irma Passoni, João Batista Breda e Geraldo Siqueira, foram convidados Fernando Morais, deputado do PMDB, e Benedito Cintra, vereador do PMDB. As jornalistas da "Folha" Irede Cardoso e Maria Carneiro da Cunha, além de esposas de líderes sindicais presos na LSN, da professora Silvia Pimentel (Frente de Mulheres Feministas) e Zuleika Alembert (ex-deputada estadual em 1946), entre outras, também foram especialmente convidadas.

OPRESSÃO

A tríplice opressão sofrida pela mulher negra (causada pelo homem negro, pelo branco e pelo sistema) foi realçada pela representante do Movimento Negro Unificado, Cleusa Aparecida da Silva. Clara Shart, viúva de Carlos Marighela, em seu discurso, relembrou que o congresso atual é uma continuidade de várias lutas travadas pelas feministas brasileiras desde a reinvidicação do direito de votar nas eleições. Dona Ana de Sousa, da Associação das Donas de Casa de Mauá, falando em nome das mulheres de sua região, assinalou que a luta da sociada da luta contra a carestia e pela reforma agrária.

Divididas em pequenos grupos, as delegadas discutiram, à tarde, quais serão as quatro grandes campanhas que as feministas de São Paulo desenvolverão este ano. Duas já estão definidas, pois foram acatadas por todas, nas reuniões de preparação do congresso. São as campanhas "contra a distribuição indiscriminada de anticoncepcionais" e "contra a injusta distribuição de renda no País, responsável, em última análise, pelo grande número de abortos." As discussões de hoje serão feitas em cima de um relatório-síntese, elaborado a partir das contribuições prévias, dos vários grupos feministas que se reuniram d.

1. Congresso das mulheres 8 de março de 1981.

Ocorreu um racha, porque as mulheres que representavam o Jornal Hora do Povo *queriam comandar o congresso. As mulheres ligadas aos movimentos populares não aceitaram, alegando influência de partido político, pois o pessoal do* Jornal Hora do Povo *era filiado ao* PMDB. *Havia uma grande divergência entre os dois grupos, em relação ao posicionamento político, reivindicações, bandeiras de luta, propostas, enfim, sem um acordo, acabou acontecendo dois congressos. As mulheres participantes dos movimentos populares realizaram o congresso no* TUCA *— Teatro da Universidade Católica e as mulheres ligadas ao* Jornal Hora do Povo *se organizaram no estádio de futebol do Pacaembu.*

Cerca de 500 mulheres participaram dos trabalhos de ontem, no Teatro da Universidade Católica

MULHER NA LUTA PELA CONSTITUINTE!

Fotos Nelson Elias e Isidoro Alves

O Congresso da Mulher, no Pacaembu, teve muitos homens na mesa que abriu os trabalhos

2. A foto de cima é das mulheres que participaram do Tuca. Abaixo,
as mulheres participantes do Pacaembu.

3-4. *Divulgação do movimento e do debate em 27 de junho de 1981, através do jornal da* Sociedade Amigos de Bairro de Vila Guaraciaba *em Santo André.*

MELHOR PARA A MULHER. MELHOR PARA NOSSA FAMÍLIA.

O Movimento de Mulheres de Santo André realizará no dia 4 de julho, às 14,30 horas, na Igreja do Bonfim, Parque das Nações, seminário para debater o problema de creches. Maria do Socorro Diógenes da Silva, do Movimento de Mulheres de Santo André, observa que antes de organizar o seminário a entidade fez um levantamento completo de creches existentes no Município, por quem são mantidas, a capacidade que possuem, para poder travar um debate com conhecimento do assunto. Este seminário, afirma Maria do Socorro, será o ponto de partida para uma campanha em massa por creches. "Nos lugares onde a mulher aparece vamos divulgar a necessidade de creches. Vamos tentar unir todos os núcleos de mulheres para reivindicar num coletivo".

Maria do Socorro observa que o seminário servirá também para um debate entre mulheres e Prefeitura. "Queremos um debate com a própria Prefeitura para saber da possibilidade desta administração de construir creches. Queremos esclarecer, popularizar a idéia, comprometer futuros candidatos com esta reivindicação".

Candidatos a vereador de Sto. André já tem número

DIÁRIO DO GRANDE ABC 18/09/1982

A Associação das Mulheres de Santo André — AMUSA — promove neste domingo, dia 19, um debate entre os candidatos a prefeito de Santo André. Segundo informou a presidente da entidade, Maria do Socorro, foram convidados todos os candidatos de todas as legendas "por escrito". Mas só confirmaram suas presenças: os três candidatos do PMDB — Timóteo Moya Sanches, Manoel Carvalheiro e Osvaldo Gimenes — Celso Daniel do PT e Brandão do PTB. "Os outros candidatos ainda não se manifestaram observou Maria.

O debate acontecerá na sede da Igreja do Bonfim, em seu salão paroquial, que tem entrada pela rua Suíça, às 14 horas. O objetivo da promoção, segundo esclareceu a presidente da AMUSA, é cobrar dos postulantes à Prefeitura um posicionamento em relação a assuntos como: creches, participação da mulher na política e problemas relacionados a área de educação e saúde, além de temas genéricos.

Para a segunda secretária da Associação das Mulheres, Maria Granchi, a participação da mulher pela mudança de toda a estrutura política e social é importantíssima. "Temos que fazer nossa parte, sair das quatro paredes que estamos para as ruas", diz ela.

Geralda Calixto, sócia da AMUSA, viúva, mãe de quatro filhos e avó de dois netos, diz que resolveu entrar na luta das mulheres, porque sente o problema da falta de creche pessoalmente. Geralda trabalhava (agora está parada) e não tinha com quem deixar seu filho mais novo. "Eu sempre paguei para alguém cuidar dele, mas sempre fiquei preocupada. Acho que se as famílias que enfrentam a falta de creches tivessem lutado na última eleição por isto, hoje poderíamos já não ter mais esse problema".

Maria do Socorro lembra que o debate é aberto a imprensa e a toda a população da cidade, observando: "queremos desde já cobrar dos candidatos o compromisso com as reivindicações populares".

5. Matéria publicada pelo Diário do Grande ABC, divulgando o debate a ser realizado pela AMUSA – Associação das Mulheres de Santo André, na Igreja do Bonfim, em Santo André, com os candidatos a prefeito da cidade, numa tentativa de um comprometimento com políticas públicas voltadas para creches nos bairros, em atendimento às reivindicações das mulheres trabalhadoras.
Diário do Grande ABC, 18 de setembro de 1982.

Em Santo André, outro debate, mas no domingo. Será com os 10 candidatos a prefeito, e começa às 14 horas, na Igreja do Bonfim. O tema central do encontro é a importância da creche na comunidade. Promoção da Associação das Mulheres de Santo André.

★

6. Nas eleições de 1982, a AMUSA realiza debate com os candidatos a prefeitos, cujo objetivo era comprometê-los em relação a uma política de creches nos bairros. Notícias Populares, 16 de setembro de 1982.

ÔÔÔÔ a Rainha do Lar chegou ÔÔ,
Trazendo como troféu
Uma vassoura e um grande espanador.
Limpando e arrumando o dia inteiro,
Lavando roupa, a cozinha e o banheiro.
E à noite, cansada, cheirando a alho,
E ainda dizem que isto não é trabalho.

No lar é mais que uma artista,
Esticando o salário é a maior economista,
Juntando cada tostãozinho, o ano inteiro é mesmo assim,
Fazendo mais, fazendo mais,
Fazendo mais que o seu Delfim.

As empresas não respeitam os seus direitos,
Não há creches e há falta de respeito,
Ganhando menos mesmo tendo profissão,
São as primeiras a entrarem no facão.

Novelas se misturam com as panelas,
Sua cabeça explode com a televisão,
Muita mentira e pouca informação.
Em nossa mesa está faltando o feijão.
Ó seu João, ó seu João,
Em nossa mesa está faltando o feijão.

Não sei para que tanta fantasia,
Se nas compras só encontro carestia,
A inflação só aumenta o aluguel,
Desse jeito sei que vou morar no céu.
Ó seu Delfim, ó seu Delfim,
Quero uma casa e um cantinho para mim. (Bis)

Não quero ser chamada de rainha,
Direitos, igualdade é o que se quer,
Mais empregos e muita liberdade,
O meu Brasil não é um país qualquer.
É de colher, é de colher,
Entreguem hoje o governo pra mulher. (Bis)

Letra: Maria do Socorro Diógene
Música: Praxedes
Associação das Mulheres de Santo André – AMUSA
Maio de 1983

7. *Samba enredo criado para a passeata* Rainha do Lar, *projeto idealizado para ilustrar a condição da mulher dona de casa. Com um carro alegórico onde seriam postos símbolos do trabalho realizado pelas mulheres em casa (limpar, lavar, cuidar das crianças, cozinhar etc.)*

Ribeirão dos Me

Foto: Márcio STANZIANI

Cerca de 50 mulheres, com seus filhos, foram à Prefeitura

Associação de Mulheres pede creches a Brandão

8-9. *Em 20 de maio de 1983, as mulheres com seus filhos comparecem à Prefeitura Municipal de Santo André, para entregarem ao Prefeito Dr. Brandão – PTB, um abaixo-assinado, contendo oito mil assinaturas, reivindicando a implantação de creches nos bairros. Após pesquisa e coleta de assinaturas, a AMUSA mobilizou as mulheres para a entrega do abaixo-assinado ao prefeito para fazê-lo assumir esse compromisso.*

Associação de Mulheres pede creches a Brandão

Construção de 10 creches nos bairros mais carentes onde existem terrenos públicos ou nos Centros Assistenciais, Recreativos e Esportivos (CEARs) do Município. Esta foi a reivindicação feita ontem por 50 integrantes da Associação de Mulheres de Santo André, ao prefeito Newton Brandão. Elas foram em caravana ao Paço Municipal munida de faixas e cartazes entregar um abaixo-assinado com oito mil assinaturas.

O prefeito Newton Brandão, por sua vez, declarou que não tem condições de construir creches este ano por falta de verbas, mas adiantou que existe projeto para implantação de quatro núcleos no Município sem prazo para o início das obras.

Para falar com o prefeito, porém, a caravana teve de esperar na ante-sala do gabinete cerca de hora e meia. Segundo a presidenta da Associação, Maria do Socorro Diógenes Silva, a audiência foi marcada para as 14h de ontem há um mês. As secretárias do prefeito por sua vez, disseram que o encontro tinha sido combinado para as 15h30 e que o chefe do Executivo havia saído às pressas, mas que atenderia as representantes da Associação. Depois de muita discussão, as mulheres e crianças decidiram sentar no chão e esperar pelo prefeito.

Já no gabinete, elas entregaram um abaixo-assinado contendo oito mil assinaturas e uma carta com dados de uma pesquisa feita pela Associação, onde se constata que 180 mil crianças dos bairros mais carentes da cidade, de zero a 14 anos de idade, não têm condições de ingressar em creche pela simples inexistência delas. As nove que existem no Município, ainda segundo a pesquisa, são mantidas por entidades religiosas e que abrigam principalmente menores abandonados chegando-se à conclusão que estes núcleos não atendem sequer 1% da população infantil.

Para solucionar o problema Maria do Socorro, falando em nome das representantes, solicitou ao prefeito Newton Brandão a construção de creches nos bairros de Vila Palmares, Camilópolis, Jardim Santo Alberto, Jardim Riviera e Parque Miami, Vila Humaitá, Jardim Cristiani, Parque João Ramalho, Jardim do Estádio, Vila Sá, Vila Guiomar, incluindo a reabertura e ampliação da creche de Vila Luzita, ora desativada.

Ela lembrou que, a partir da pesquisa ficou comprovada a existência de terrenos públicos disponíveis nos referidos bairros. "As creches poderiam ser construídas nesses terrenos ou nos próprios CEARs espalhados pelo Município, que atualmente fogem do seu objetivo atendendo somente ao público juvenil e adulto com algumas atividades" — afirmou. Maria do Socorro disse estar ciente das dificuldades econômicas e do empobrecimento dos Municípios, e por isso propôs a criação de uma fundação mantenedora vinculada à iniciativa pública e privada.

"Os núcleos que reivindicamos poderiam ser mantidos pela Prefeitura e por empresas do comércio e da indústria, fundações e outras entidades, além da Legião Brasileira de Assistência ou por intermédio do projeto Casulo" — disse. Maria do Socorro explicou que, com base na CLT, todos os estabelecimentos em que trabalham pelo menos 30 mulheres com mais de 16 anos de idade precisam ter local apropriado onde seja permitido às empregadas guardar sob vigilância e assistência seus filhos no período de amamentação. A exigência, de acordo com o artigo 396 da CLT, poderá ser suprimida por meio de creches distritais mantidas diretamente ou mediante convênios com outras entidades públicas ou privadas.

Sem verbas

Depois de ouvir a reivindicação, o prefeito Newton Brandão disse que o Município não possui condições de construir creches este ano por falta de verbas. Ele adiantou por outro lado que existe projeto para a implantação de quatro núcleos no Município, possivelmente na Vila Luzita e no bairro da Cata Preta. "As outras duas seriam construídas em favelas as quais não posso determinar agora" — afirmou o prefeito, declarando no entanto que vai estudar a proposta da entidade.

9.

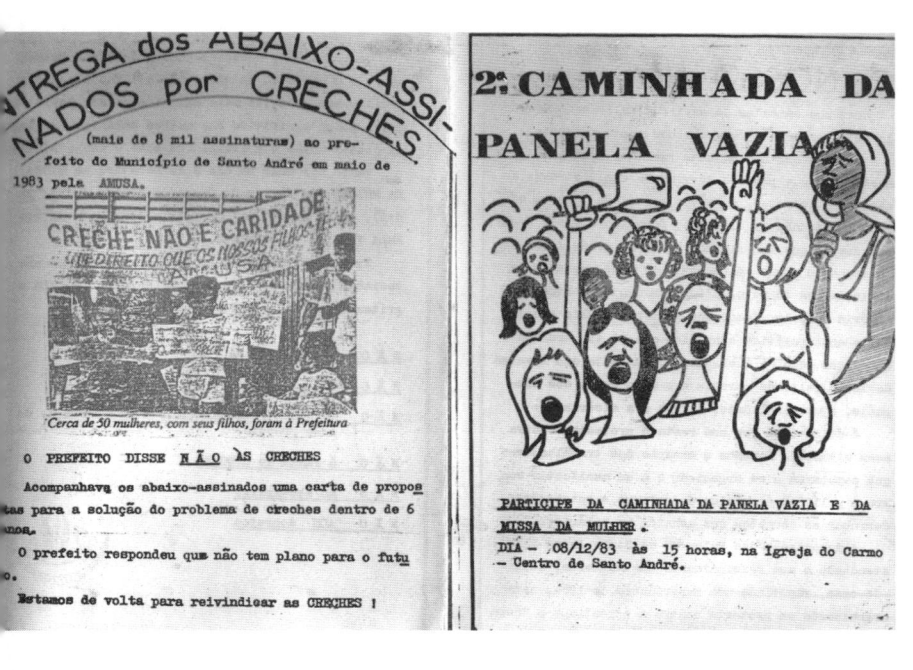

10-11. *Manifesto convocando as mulheres para a Caminhada da Panela Vazia e da Missa da Mulher, no dia 8 de dezembro de 1983, para protestar contra a negativa do prefeito Dr. Brandão em relação à construção de creches nos bairros de Santo André, mesmo frente ao abaixo-assinado com oito mil assinaturas entregue a ele em maio do mesmo ano.*

O NOSSO NÃO À CARESTIA

Estamos cansadas de ouvirmos mulheres reclamando da carestia nas feiras e nos super-mercados.

Sabemos que não adianta reclamar sozinhas, pois a cada dia que passa o governo federal, através de pacotes e decretos, continua reduzindo o nosso salário, aumentando os aluguéis, forçando a gente pagar uma dívida que não fizemos e nem ao menos fomos consultadas, e assim vai aumentando cada vez mais as dificuldades do povo, além de aumentar a fome e a miséria no País. Temos que gritar bem alto o nosso NÃO a essa política econômica que só tem trazido desgraças como: o desemprego, o aumento das favelas devido a falta de moradia e o alto custo dos aluguéis, a marginalidade, a fome e a miséria.

A única arma que nos resta é protestar contra essa situação. Tomemos o exemplo dos trabalhadores que começaram a se organizar e a se manifestar contra a política econômica do governo e conseguiram derrubar os decretos que achatam os salários.

A Associação das Mulheres de Santo André-AMUSA, atendendo a uma reivindicação das mulheres, donas-de-casa, repetindo uma experiência de 1981, está organizando um protesto contra a carestia e o desemprego. A CAMINHADA DA PANELA VAZIA.

Companheiras, donas-de-casa, nós que sofremos na pele a carestia da vida, nós que vemos a nossa família ser cada vez mais mal alimentada, devido ao baixo poder aquisitivo dos nossos salários, juntemos as nossas vozes e gritemos bem-alto o nosso BASTA!

Vamos nos unir no dia 8 de Dezembro na MISSA DA MULHER, na Igreja do Carmo(no centro de Sto André), às 15 horas, e logo após a CAMINHADA DA PANELA VAZIA e por CRECHES.

Tragam as suas panelas que há muito tempo não cozinham comida suficiente para a nossa família e gritemos bem alto, todas juntas!!!

NÃO à Carestia de Vida

NÃO à Fome

NÃO ao aumento dos aluguéis e as prestação da casa própria.

NÃO à Falta de CRECHES

NÃO ao desemprego

NÃO AOS decretos

Diário do Grande ABC

PCB, ainda não é o fim

MARIA DO S. DIÓGENES

Atualmente, no Brasil, está sendo cultivado um modismo muito perigoso. De repente, os políticos, os intelectuais, a esquerda se arvoram de antimarxistas e se propõem a *reavaliar* as obras de Lênin e a Revolução Russa de 1917. Os meios de comunicação divulgam todos os dias o fim do Socialismo. Jornais estampam o símbolo da foice e do martelo completamente desintegrado, com os dizeres: *o fim*, além de outros recursos de marketing, parece que existe um sentimento de verdadeira, euforia com a crise da União Soviética. Os explorados, principalmente os trabalhadores, perdem uma referência internacional de luta e não se vê nenhuma solidariedade.

Até o PCB, Partido Comunista Brasileiro, vem a público, através de seu presidente, renegar o instrumento da ideologia marxista e outros valores de sua história. A cúpula do partido propõe a convocação imediata de um novo congresso para referendar a mudança de nome, de símbolo, bem como a formação de um partido de alinhamento social-democrata. Posicionamento como esse não é novo dentro do PCB. Há muitos anos essa corrente vem dominando o partido, principalmente aqui em São Paulo. Essa tendência liquidacionista, que se diz majoritária, defendeu as mesmas posições no 9º Congresso, em maio do ano em curso, e perdeu. Foram derrotados pelas bases. A militância do PCB precisa garantir a legitimidade do 9º Congresso que aprovou uma nova linha política, foi aprovado o novo estatuto do partido, por isso não há necessidade da convocação de um novo congresso. O que essa tendência quer é impor posições derrotadas goela abaixo, aproveitando-se do que ocorreu com o Partido Comunista Soviético, mas o PCB não é o PCUS, e o Brasil não é a União Soviética. Paulo Francis, em um de seus momentos de lucidez, reconheceu a diferença com muita clareza.

Perguntamos: o quê está por trás de tudo isso?

A quem interessa o fim do Socialismo e do PCB?

O PCB sempre teve seu nome ligado às lutas de massas, às lutas sindicais, às grandes campanhas nacionais como *O Petróleo é Nosso*, lutou pela redemocratização do País, pelas eleições diretas e assim perdeu vários quadros que morreram nos cárceres da ditadura. Agora que o partido conseguiu a legalidade, que pode apresentar ao povo o seu projeto político, organizar as massas em suas reivindicações, influir na política sindical, organizar os trabalhadores, vai correndo se esconder debaixo de uma outra sigla, com medo de enfrentar as grandes discussões, os grandes questionamentos que ora se apresentam na sociedade.

O que precisa mudar no PCB é a sua prática política. Apresentar para a população posições claras, transparentes, que resgatem o Socialismo como ideal humanitário a ser atingido e um programa que contribua para a transformação da realidade brasileira. O partido nunca se posicionou contra os planos Collor, não definiu uma política para a privatização das estatais, empurrou suas bases sindicais para as centrais pelegas, consequentemente, enfrenta sé-

rios problemas no movimento sindical. O partido está sofrendo uma crise de credibilidade, não por causa da União Soviética, mas por causa de uma política equivocada.

Os militantes de Santo André não concordam com a dissolução do PCB, vão lutar pela defesa e reconstrução do partido, não abdicam da ideologia marxista e da luta de classes, pois não vão servir de instrumento para comprovar que a direita sempre esteve certa. Seria o mesmo que concordar que os comunistas mereceram morrer e serem torturados porque estavam errados. Também não aceitam que o partido se transforme em mais uma sigla para concorrer nas eleições.

Seguem as palavras-de-ordem com as quais os delegados do 9º Congresso derrotaram os liquidacionistas: *Não vai ser mole, né. Mole não não vai ser mole acabar com o Partido!*.

MARIA DO SOCORRO DIÓGENES é membro do diretório estadual do PCB e secretária política do diretório do PCB de Santo André

12. Artigo publicado na seção "Ponto de Vista" do jornal Diário do Grande ABC, *em 10 de setembro de 1991. Ano que representou os momentos de maior luta interna do* PCB *e com sua dissolução a criação do* PPS *– Partido Popular Socialista.*

Ecologia sem educação

MARIA DO SOCORRO DIOGENES

Educação, zero; ecologia, Cr$ 13 bilhões. Esses são os números da política social do governo Fleury, que não teve dinheiro para dar reajustes para os professores, mas teve Cr$ 13 bilhões para montar um circo nâ Eco-92 (**Folha de S. Paulo, 6/5/92**).

Essa história de circo é muito antiga, vem desde o Império Romano, onde os poderosos davam pão e circo ao povo para mantê-lo alienado da realidade e não refletir sobre a sua própria condição. Hoje, ocorre um processo inverso: dão-nos o circo e tiram-nos o pão.

O filósofo já dizia que a história se repete. A primeira vez, ela acontece em forma de tragédia, a segunda, em forma de farsa. Em se tratando de educação, vivemos uma verdadeira farsa neste país.

O índice de inflação do mês de abril foi mais de 23%, o governo deu índice zero para o funcionalismo e para a educação. Com o aumento do salário mínimo, o piso salarial de um professor iniciante, com 20 aulas semanais, atinge apenas 1,4 salário mínimo.

O piso é o mais baixo de toda a história da educação, conseguiu superar a política de arrocho de Paulo Maluf e Orestes Quércia. Isso porque a educação é "prioridade" para esse governo.

Que nota vamos dar para ele? Se até agora o governo não entendeu que não é possível ecologia sem investimento, sem saneamento básico e educação, a nota só pode ser zero.

Outra farsa que ora vivenciamos na escola pública é o Projeto Escola Padrão. Onde está a caixa de custeio da escola padrão? O gato

O piso salarial é o mais baixo de toda a história da educação

comeu.

Onde estão a biblioteca e o laboratório? O gato comeu.

Onde está a gratificação dos professores pelo Regime de Dedicação Exclusiva? O gato comeu.

O gato comeu tudo. Comeu a qualidade de ensino, comeu a autonomia da escola, comeu a educação. Só não comeu o meu coração.

Dá até para fazer poema-piada, porque esse famigerado projeto de reforma de ensino é, realmente, uma piada.

Em todos os países do mundo, onde a

educação é levada a sério, não há segredo para se oferecer uma educação de boa qualidade à população. Investe-se na escola, criam-se centros de capacitação para treinamento e formação dos profissionais e exige-se como retorno a qualificação do educando.

O Projeto Escola Padrão não ofereceu treinamento algum para os profissionais e não traz uma proposta pedagógica eficiente, capaz de solucionar dois problemas fundamentias para escola pública: a evasão e a repetência.

A proposta pedagógica do Projeto Escola Padrão aposta apenas na quantidade. Aumento dos dias letivos, aulas aos sábados para os alunos do noturno, aumento da permanência do aluno na escola sem criar as condições adequadas, tais como: alimentação, assistência médica e dentária, assistência pedagógica para reforço etc.

Não traz aumento de salário, nem aumento da qualidade de ensino.

Sábio é o humor do povo paulista, que já está chamando a escola padrão de "escola podrão".

MARIA DO SOCORRO DIOGENES, 45, é professora no EEPSG Joaquim Lúcio Cardoso Filho e conselheira da Apeoesp do ABCD.

13. Artigo publicado, em 5 de junho de 1992, na seção OPINIÃO *do caderno "ABCD-SP" do jornal* Folha de S. Paulo, *criticando o descaso do governo em relação à educação e aos professores.*

14. As mulheres da Amusa preparam o 4º Encontro de Mulheres, que seria realizado em 5 de outubro de 1992.

15. Nas eleições de 1992, Maria do Socorro Diógenes se lança como candidata a vereadora de Santo André pelo PCB, em coligação com o PT.
Na foto, da esquerda para a direita: José Cicote, vice-presidente do Sindicato dos Metalúrgicos de Santo André e candidato a prefeito; Diógenes, professora da rede Estadual de Ensino do Estado de São Paulo e Riva, um pequeno empresário de Santo André, candidato a vice-prefeito pelo PT.

16. Em campanha pelas ruas de Santo André. Na camiseta os dizeres: "Santo André pede Socorro", a foice e o martelo, símbolos do PCB, os nomes dos candidatos a prefeito e vice, além das legendas de cada um para a votação.

17. Maria do Socorro Diógenes, junto a Cesar, Presidente do Diretório do PCB em Santo André, em campanha nas ruas, com a bandeira do partido.

18. Maria do Socorro Diógenes em comício, durante as eleições de 1992, onde concorria ao cargo de vereadora de Santo André.

19. Maria do Socorro Diógenes como paraninfa da classe de 1992 da Escola Estadual Joaquim Lúcio Cardoso Filho, no Parque Erasmo, Santo André, onde lecionou durante quinze anos.

OPINIÃO

A escola que queremos

MARIA DO SOCORRO DIÓGENES

Prioridade para educação e beijinho nas crianças fazem parte da cena obrigatória de todas as campanhas majoritárias que se "prezam". Mas a realidade é que entra governo e sai governo e a escola pública continua abandonada e oferecendo à população um ensino cada vez menos qualificado.

Não adianta por a culpa na má formação do professor, porque isto, além de injusto, só contribui para mascarar a verdadeira causa do problema.

O professor, como qualquer outro profissional, é fruto da escola que existe no país. Assim como existe o professor mal formado, existe o médico mal formado, o engenheiro mal formado e assim por diante.

A educação no Brasil ainda subsiste, graças ao idealismo do professor. Aliás, essas palavras são do ex-governador Orestes Quércia, que afirmava contar com o idealismo do professor da escola pública para a implantação do ciclo básico e da jornada integral.

Basta lembrar que durante o período do governo militar, não havia o repasse de verbas para a manutenção das escolas. Quem garantia a limpeza, a higiene, consertos e, muitas vezes, a contratação de funcionários, foram as Associações de Pais e Mestres. Isto é, a comunidade e os professores assumiram a manutenção das escolas por mais de 20 anos. Em São Paulo, essa situação só se reverteu a partir de 1983, com o governo Montoro.

Se não bastassem a falta de recursos, as péssimas condições de trabalho, além do baixo nível de ensino, as escolas públicas estão sendo vítimas de depredação por falta de segurança. Há bastante tempo que diretores e professores vêm alertando as autoridades para os problemas de segurança nas escolas e nada foi feito. Precisou acontecer uma tragédia (caso da menina Silmarya) para que o governo se tocasse. Só falta atribuir a culpa à má formação do professor.

Não dá mais para tapar o sol com a peneira. O problema da educação no Brasil é a falta de investimento. Se esse país quiser crescer, acompanhar o desenvolvimento moderno, isto é, se quiser acompanhar a revolução técnico-científica, tem que investir em educação, pois à modernização sai das escolas.

A escola que queremos é assim: escola pública, democrática, pluralista, laica e de boa qualidade. Sua função é a formação integral do ser humano; tem por objetivo a formação da cidadania, deve promover a realização pessoal e a felicidade.

Implantação da educação de zero a seis anos, com tempo integral, com alimentação adequada, lazer e assistência médica, pois assim estaria sendo solucionado o déficit de creches, reivindicação tão antiga da mulher trabalhadora.

Implantação da escola técnica de formação profissional de nível médio. O estudante brasileiro passa 11 anos na escola e sai sem saber fazer nada, sem nenhuma profissão. Se o jovem quiser ter uma profissão qualificada ou especializada, precisa fazer uma faculdade. A indústria moderna não precisa mais do peão, a demanda de mão-de-obra hoje é pelo técnico de nível médio, altamente qualificado.

Para isso é preciso equipar as escolas, reciclar os professores, contratar professores especializados, fazer uma espécie de convênio com as empresas para a realização dos estágios. Qualquer projeto para a escola pública, hoje, tem que passar pelo resgate da dignidade do magistério, por um piso salarial decente para os profissionais da educação, pois não há idealismo que resista a um salário de fome que avilta e degrada a pessoa do profissional.

Os recursos públicos têm que ser investidos na escola pública, pois essa escola "dá certo", desde que seja tratada com seriedade e que passe a ser, realmente, uma prioridade nacional.

MARIA DO SOCORRO DIÓGENES é professora da EEPSG Joaquim Lúcio Cardoso Filho e integrante do Conselho Regional da Apeoesp.

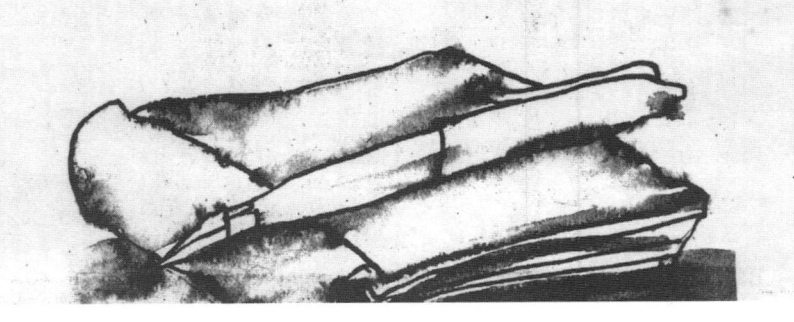

20. *Artigo publicado, entre 1992 e 1993, na seção* OPINIÃO *do caderno* "ABCD-SP" *do jornal* Folha de S. Paulo, *mais uma vez criticando o descaso do governo em relação à educação e aos alunos e professores.*

Paulada

Fernandinho Collor de Melo, como era *modernoso*, iria acabar com a inflação com um só tiro, mas o tiro saiu pela culatra. O único tiro certeiro do governo Collor foi na poupança do povo. Fernandinho Henrique Cardoso vai usar métodos mais primitivos. Ele se propõe a acabar com a inflação à pauladas. Uma ligeira análise do seu plano econômico demonstra que as pauladas estão preparadas para o patrimônio público, basta ver que caíram de pau nos trabalhadores e estudantes, durante a privatização da Cosipa.

Virou moda cada governador adotar seus instrumentos específicos. O governador Fleury prefere dar pauladas no bolso dos professores. Além de um salário abacaxi de CR$ 69,00 a hora aula, os professores foram recepcionados com tropas de choque, na Avenida Paulista, no segundo dia de greve. Enfrentaram uma verdadeira praça de guerra na Volkswagen, no dia do relançamento do Fusca. O governador mandou os cachorros, os cavalos, tudo que tinha direito.

Como os professores não se assustaram e continuaram a greve, a polícia do governador mudou o tratamento, desta vez jogando jatos d'água e bombas de gás lacrimogênio nos professores, durante assembléia realizada próxima ao Palácio dos Bandeirantes. Isto sem contar as pauladas nas verbas destinadas à Educação que diminuíram drasticamente no seu governo. Enfim, a Educação para Fleury é um caso de pauladas.

Maria do Socorro Diógenes

21. Coluna publicada na seção "Palavra do Leitor" do Diário do Grande ABC *em 10 de setembro de 1993.*

22. Da esquerda para a direita: Doutor Milton Santos, professor da Geografia da USP (falecido); Doutora Maria Adélia, professora da Geografia da USP e o professor Luiz Crus, cearense, professor da Geografia da Universidade Estadual do Ceará, no início da década de 1990, quando o último veio a São Paulo para fazer seu doutorado na Geografia da USP.

Banco de Dados

Década de 1980

> ◗ Auge dos movimentos sindicais derivados do desemprego e da crise econômica. Em 1980, a forte repressão do governo à greve dos metalúrgicos demonstra que, apesar do processo de abertura política, o Estado ainda mantinha sob vigilância os movimentos sociais. A greve de 1980 custou 41 dias menos de salários, choques violentos com tropas da polícia e do exército e centenas de demissões. Mas movimentos menores se articulam em diversas camadas da população, entre eles, o de mulheres, também brigando por melhores empregos e salários.

23. Matéria publicada no jornal Diário do Grande ABC, em 14 de maio de 2000, fazendo um histórico da luta das mulheres. A foto reproduzida na matéria foi tirada em 1980 durante o Encontro de Mulheres de Santo André, com Maria do Socorrro Diógenes ao centro dirigindo a mesa, a primeira à direita Glória Shimabuko, uma companheira sua do PT e ao microfone, Hilda, uma metalúrgica de Santo André.

24. Da esquerda para a direita: minha irmã Conceição, irmã Terezinha com quem morei em São Paulo, o Henri, filho dela, eu, minha irmã Mariá, Gabriel, marido de Terezinha e uma filha de Mariá, Marta Rute. Encontro em Jaguaribe, numa festa, pois minha irmã Terezinha que morou mais de vinte anos em São Paulo, voltou para Jaguaribe, no Ceará. Terezinha e Mariá já faleceram.

*25. A família da minha irmã Terezinha que me acolheu em
São Paulo: Gabriel, Terezinha, Henri e Débora.*

*26. Meus pais: Maria das Dores Diógenes e
Antônio Martins de Araújo (já falecidos).*

27. Minha irmã Terezinha e meu sobrinho Henri.

28. *Meus sobrinhos quando eram pequenos: Henri e Débora. Filhos de Terezinha e Gabriel. Quando fui morar em São Paulo, em julho de 1974, eles eram assim.*

ia do Socorro Diogenes ou Laura
ua Mendes Prot: 19.602
fotografias tirada em: 28-4-72

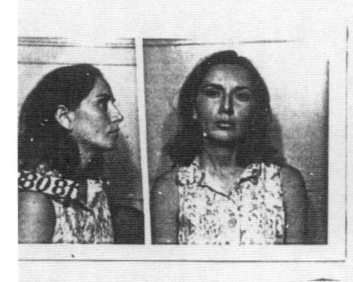

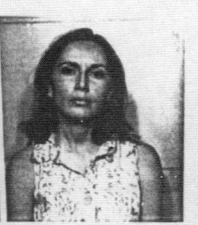

29. Socorro quando foi presa, em 4 de abril de 1972.

30. Fotografia de Maria do Socorro Diógenes, em fevereiro de 1996.

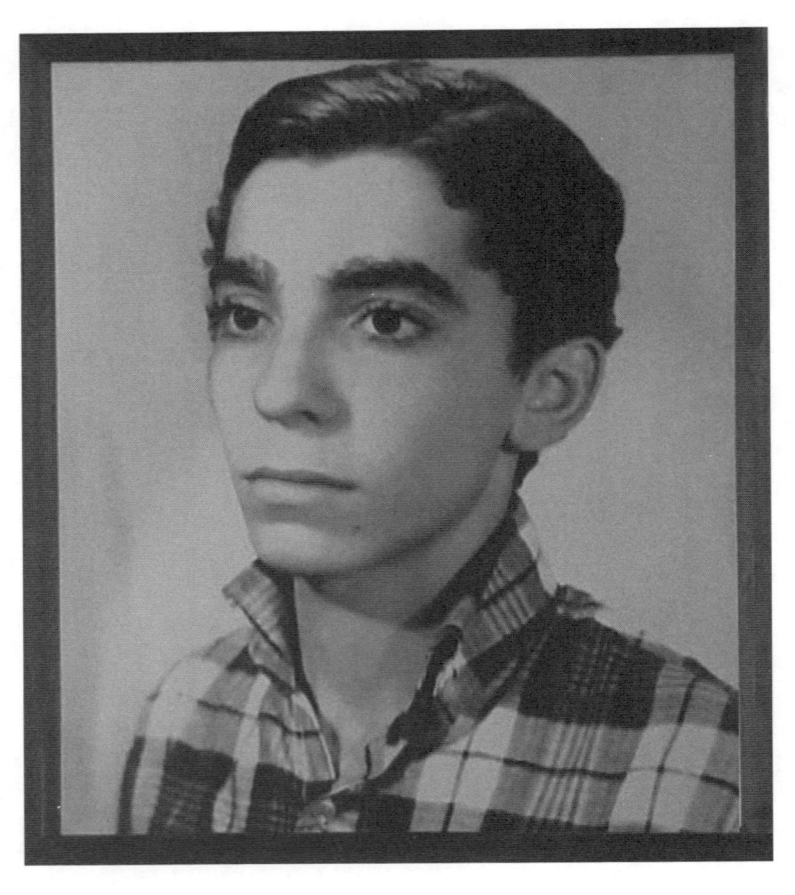

31. Fotografia de Ramires Maranhão do Valle, militante do PCBR — *Partido Comunista Brasileiro Revolucionário, pernambucano, assassinado aos 23 anos pela ditadura civil-militar, no Rio de Janeiro, com mais três militantes, numa cena montada em Jacarepaguá em 23 de outubro de 1973.*

TAQUI PRA TI
JOSÉ RIBAMAR BESSA FREIRE

OS MUSEUS DA RESISTÊNCIA
José Ribamar Bessa Freire
19/08/2012 - Diário do Amazonas

Ramires Maranhão do Valle (1950-1973)

Combatia a ditadura militar. Quando foi preso e torturado, em 1973, tinha 22 anos, o porte franzino e uma cara de menino. Seu paradeiro foi criminosamente ocultado pelas autoridades. Foi aí que o nome de Ramires Maranhão do Valle passou a figurar na lista dos "desaparecidos políticos". Mas na última segunda feira, ele apareceu, redivivo, numa defesa de mestrado na Universidade Federal do Estado do Rio de Janeiro (UNIRIO) e nos observou, com seu olhar tímido, cheio de candura, a partir de uma foto sua que permaneceu projetada num telão durante todo o evento. Juro que sua voz emergia do texto impresso e ouvimos até o palpitar do seu coração.

Quem insistiu para que ele estivesse lá, conosco, foi seu sobrinho, Carlos Beltrão do Valle, autor da dissertação defendida no Programa de Pós-Graduação em Memória Social (PPGMS). Afinal, ninguém com mais legitimidade do que Ramires para avaliar o trabalho que discute a proposta de transformar os locais de tortura em museus, com o objetivo de ativar memórias reprimidas e silenciadas, seguindo a lição de Mário Chagas: "o museu, como instituição, pode servir tanto para tiranizar como para libertar".

O foco escolhido foi o prédio do DEOPS de São Paulo, onde funciona o Memorial da Resistência, inaugurado em 2009. Esse é o primeiro centro de tortura do Brasil que foi musealizado. Por suas celas passaram o escritor Monteiro Lobato, a presidente Dilma Rousseff, o ex-presidente Lula e o ex-governador de São Paulo José Serra. Recentemente outro memorial foi erguido no Cemitério de Ricardo de Albuquerque, no Rio, onde Ramires foi sepultado, clandestinamente, numa cova rasa, com outros militantes.

Carlos Beltrão não era nem nascido quando o tio foi assassinado. Aprendeu a amá-lo através das narrativas familiares contadas pelo avô Francisco, o pai Romildo e a mãe Sônia - todos eles militantes. Dedicou a ele sua pesquisa de mestrado, para a qual entrevistou ex-presos de São Paulo e de Recife, consultou jornais e documentos em arquivos, leu depoimentos em livros autobiográficos cujos autores relatam experiências na prisão, analisou peças de teatro e filmes sobre o tema e acompanhou visitas ao Memorial da Resistência para avaliar a reação do público.

Lugares de Memória

32. Artigo sobre Ramires Maranhão do Valle,
publicado no Museu da Resistência.

Ramires Maranhão do Valle

Militante do Partido Comunista Brasileiro Revolucionário (PCBR), desapareceu em 1973, aos 23 anos. Em relatório do Ministério do Exército, consta que "em 23 de outubro de 1973 foi morto com mais dois companheiros em tiroteio com forças de segurança, no Rio". Testemunhas informaram que o carro em que Ramires estava foi metralhado e explodiu. O dossiê informa que o corpo carbonizado do militante deu entrada no Instituto Médico-Legal do Rio, e passou dois meses na geladeira. Foi enterrado como desconhecido no Cemitério de Ricardo Albuquerque, no Rio. Em 1980, a ossada foi exumada e jogada numa vala comum. Jamais foi encontrada.

33. Reportagem sobre Ramires Maranhão do Valle.

34. *Pais de Ramires: Francisco Clóvis Valle e Agrícola Maranhão do Valle.*

NESTE LOCAL O GRUPO TORTURA NUNCA MAIS / RJ LOCALIZOU O DESTINO
DE MAIS DE DOIS MIL BRASILEIROS SEPULTADOS COMO INDIGENTES ENTRE
OS ANOS DE 1970 E 1974. DENTRE ELES QUATORZE MILITANTES POLÍTICOS
ASSASSINADOS POR SE OPOREM A DITADURA CIVIL - MILITAR IMPOSTA
AO POVO BRASILEIRO NO PERÍODO COMPREENDIDO ENTRE 1964 À 1985.

1 - ALMIR CUSTÓDIO DE LIMA	PCBR	(1950 - 1973)
2 - GETULIO D'OLIVEIRA CABRAL	PCBR	(1942 - 1972)
3 - JOSÉ BARTOLOMEU RODRIGUES DE SOUZA	PCBR	(1949 - 1972)
4 - JOSÉ GOMES TEIXEIRA	MR8	(1941 - 1971)
5 - JOSÉ RAIMUNDO DA COSTA	VPR	(1938 - 1971)
6 - JOSÉ SILTON PINHEIRO	PCBR	(1948 - 1972)
7 - LOURDES MARIA WANDERLEY PONTES	PcdoB	(1925 - 1973)
8 - LUIZ GUILHARDINI	MR8	(1945 - 1971)
9 - MÁRIO DE SOUZA PRATA	ALN	(1949 - 1973)
10 - MERIVAL ARAÚJO	PCBR	(1945 - 1973)
11 - RAMIRES MARANHÃO DO VALLE	PCBR	(1949 - 1972)
12 - RANUSIA ALVES RODRIGUES	PCBR	(? - 1972)
13 - VITORINO ALVES MOITINHO	VAR-PALMARES	
14 - WILTON FERREIRA		

TORTURA NUNCA MAIS RJ

35-36. Ramires Maranhão do Valle é um dos catorze mortos enterrados em vala clandestina no Cemitério Ricardo de Albuquerque.

37. *Maria do Socorro na inauguração, 11 de dezembro de 2011, do Memorial em homenagem aos catorze mortos enterrados em vala clandestina no Cemitério Ricardo de Albuquerque, durante a ditadura civil-militar, de 1964 a 1985.*

38-39. Pastor Mozart e Maria do Socorro Diógenes na inauguração do Memorial. O pastor Mozart, que ajudou os perseguidos políticos, gostava muito de Ramires e o acolheu por algum tempo, sob o nome de João.

Calma, gente

Veja como certos políticos são rápidos no gatilho quando vislumbram um holofote.

O simples anúncio na imprensa de que Ronaldo poderá integrar o Comitê da Copa bastou para o deputado Jonas Donizete, presidente da Comissão de Desporto da Câmara, convocar o ex-atleta para sentar na cadeira do dragão e dar explicações.

Dia D...

Ricardo Teixeira chega esta manhã de um giro por Zurique e Londres e se reúne com Ronaldo. Depois, darão entrevista.

O craque será a "cara" do Comitê Local, mas não seu presidente. A diferença é... não sei.

Alô, Paes!

Desabafo de Paulo César Caju, campeão do mundo em 1970 e carioca da Favela da Cocheira, ontem, na Soccerex, a superfeira de futebol que ocorre no Rio:

— É absurdo um jogador premiado como eu nunca ter recebido homenagem da cidade.

'My name is Cabral'

Cabral, com seu curso intensivo de inglês, já começa a mostrar desembaraço no idioma.

Em Nova York para conversas com investidores, tem falado inglês pelos cotovelos. Mas ainda tropeça nos pronomes e no vocabulário. "I'm improving (estou melhorando)", brinca.

Cena carioca

Ontem, um casal pegou um táxi no Santos Dumont e, no trajeto até a Zona Sul, o motorista foi falando no celular com um tal Fernando. À certa altura, veja só, o desalorado se virou e pediu:

— Podem anotar um telefone para mim que estou dirigindo?

Mamãe idosa

Uma carioca de 61 anos, casada com um homem 23 mais novo, deu à luz ontem uma menina de 2,5kg, no Rio.

É seu primeiro bebê. A mulher engravidou graças a um óvulo comprado. Mãe e filha passam bem.

ANCELMO GOIS

oglobo.com.br/ancelmo

Fotos de Flávia Diuana

O CEMITÉRIO DE

Ricardo de Albuquerque, no Rio, vai ganhar, dia 11 agora, um memorial em homenagem a 14 presos políticos assassinados pela ditadura militar entre 1970 e 1974. Foi sugestão do grupo Tortura Nunca Mais e do vice-prefeito carioca, Carlos Alberto Muniz. A RioUrbe, que toca o projeto, vai pôr totens (veja na foto) para lembrar as 14 vítimas, cujas ossadas estão guardadas no Hospital Geral de Bonsucesso, federal. Os restos serão levados para o cemitério em dezembro, onde ficarão num grande túmulo de granito. Que descansem em paz

40. Notícia, em O Globo, *acerca da inauguração do Memorial no Cemitério Ricardo de Albuquerque.*

Referências

ABC DE LUTA. "Movimento pela Anistia Ampla Geral e Irrestrita", *Tribuna Metalúrgica*, n. 52, agosto de 1979.

ABC DE LUTA. "Conjuntura Brasileira", 1979.

ABC DE LUTA. "Campanhas Salariais, Contexto", *Tribuna Metalúrgica* n. 5002/01/1979, *Tribuna Metalúrgica* n. 5106/01/1979.

ABC DE LUTA. "Metalúrgicos do ABC, Greve Geral dos Metalúrgicos do ABC, Contexto", *Tribuna Metalúrgica* n. 5001/06/1979.

ABC DE LUTA. "Metalúrgicos do ABC, Campanha Salarial", 1980.

ABC DE LUTA. "Fundação da CUT, Movimento Sindical", *Tribuna Metalúrgica* n. 578 01/09/1983.

ALI, Tariq. *Medo de Espelhos*. Rio de Janeiro, São Paulo, Record, 2000.

CARBONI, Maria Cecília Conte. *Maria Quitéria – Uma Ruptura pela Anistia*, Associação Nacional de História. ANPUH, XXIV Simpósio Nacional de História, 2007.

CERDEIRA, Bernardo. *O Movimento Convergência Socialista, as Greves e as Propostas do PS e do PT*.

DOCUMENTOS da Comissão Estadual da Verdade e da Preservação da Memória do Estado da Paraíba.

DOCUMENTOS. Mortos e Desaparecidos Políticos no Brasil.

GORENDER, Jacob. *Combate nas Trevas, a Esquerda Brasileira: Das Ilusões Perdidas à Luta Armada*. São Paulo, 2. ed., Ática, 1987.

GRUPO TORTURA Nunca Mais. Rio de Janeiro, Jornal, 2008.

INSTITUTO ZEQUINHA BARRETO. A Prisão de Lula no Dops, em 1980.

LEI DA ANISTIA. No Brasil, é a denominação popular da Lei n. 6.683, de 28 de agosto de 1979, *Wikipédia*.

LEITE, Paulo Moreira. *A Mulher que Era o General da Casa*. Porto Alegre, Arquipélago Editorial, 2012.

SANTANA, Marco Aurélio. *Piquetes Pioneiros*, 2008.

TIMM, Paulo. *Uma Breve História da Anistia*, Direitos Humanos, 2009.

VARGAS, Marilici Cardoso de. *Vestígios do Passado*. IX Encontro Estadual de História, Associação Nacional de História, Seção Rio Grande do Sul, ANPUH-RS.

VECHIA, Renato da Silva Della. *Origem e Evolução do Partido Comunista Brasileiro Revolucionário (1967-1973)*. Dissertação Apresentada ao Programa de Pós-Graduação em Ciência Política como requisito para obtenção do grau de Mestre em Ciência Política, Porto Alegre, Universidade Federal do RS, Instituto de Filosofia e Ciências Humanas, agosto de 2005.

XEROCÓPIA de documentos dos arquivos da Secretaria da Segurança Pública de Pernambuco.

Título	Amor, Luta e Luto no Tempo da Ditadura
Autora	Maria do Socorro Diógenes
Editor	Plinio Martins Filho
Produção editorial	Aline Sato
Editoração eletrônica	Igor Souza Juliana de Araújo
Capa	Juliana de Araújo
Formato	14 x 21 cm
Tipologia	Adobe Garamond Pro
Papel	Chambril Avena 80 g/m² (miolo) Cartão Supremo 250 g/m² (capa)
Número de páginas	224
Impressão e acabamento	Rettec